AUDREY LIEUTAUD

SERIAL ENTREPRENEUSE

Les clés de la réussite et les erreurs à éviter

FIRST
ÉDITIONS

Sommaire

Avant-propos

Bonjour, moi, c'est Audrey.

J'ai 38 ans (au moment où j'écris ce livre) et je suis une *girlboss*. J'ai fondé www.monpetitbikini.com, le premier site e-commerce spécialisé dans la vente de maillots de bain toute l'année. J'ai aussi cocréé NHLT Paris, une marque de maillots de bain et de prêt-à-porter. Je suis également, depuis quelques années, influenceuse. Et dans cette vie déjà bien remplie, j'ai la chance d'être l'heureuse maman d'un petit garçon de 5 ans, nommé Pablo.
Aujourd'hui, je mène une vie que beaucoup m'envient : j'ai une belle carrière, je m'éclate dans mon job, challengeant au possible ; je suis suivie sur les réseaux par des centaines de milliers de personnes et je gagne bien ma vie, ce qui me permet d'assouvir ma passion pour la mode et le luxe. Surtout, je ne dois rien à personne, je roule ma propre bosse, normal, je suis une vraie *girlboss* !
Mais depuis quelque temps, j'ai compris que bosser jour et (parfois) nuit ne suffisait plus à me faire vibrer. Aujourd'hui, je mets un point d'honneur à travailler moins pour vivre plus, mieux, c'est-à-dire profiter de mon fils et de la vie, tout simplement... Pour autant, je veux toujours bien gagner ma vie !
Heu... Travailler moins, gagner plus... Mais comment elle fait ?
C'est assez simple en réalité : une fois que j'ai décidé quelles

étaient mes priorités, je me suis organisée en fonction, et ça marche plutôt pas mal ! Vous aimeriez savoir comment je fais ?
Au début de mon parcours, je vous avoue que je n'avais pas tous les outils que je possède aujourd'hui. Les références et les modèles d'entrepreneurs étaient principalement américains et masculins.
Dans ce livre, je souhaite partager avec vous ce qui, à mes yeux, est essentiel pour s'épanouir professionnellement et personnellement. Car aujourd'hui, j'ai enfin trouvé un équilibre qui me permet d'avoir plusieurs casquettes et de tout concilier sans rien sacrifier. Au fil de mon témoignage, je vais vous montrer les étapes pour entreprendre un projet, professionnel et/ou personnel, mais aussi vous donner un maximum d'infos claires, précises pour savoir bien vous entourer, vous faire accompagner, oser vous lancer et réussir... Peut-être - même sûrement - échouer (et alors ?) pour mieux rebondir. En toute transparence, je vous parlerai de mes idées innovantes, mais aussi de mes erreurs, qui m'ont beaucoup appris.
Je souhaiterais également libérer la parole sur le fait que les femmes sont souvent jugées pour cette double casquette de *boss* et de femme/mère, comme si le temps qu'elles consacraient à l'une privait l'autre. J'en ai moi-même souffert, à travers les regards extérieurs, les jugements et les remarques désobligeantes, y compris de mon entourage, et j'aimerais que plus

aucune femme ne subisse ça ou ne souffre de ce sentiment de culpabilité - comme si elle avait à choisir entre sa carrière et sa maternité… Moi, j'ai choisi les deux, et mon fils est le premier à être fier d'avoir une maman puissante et heureuse !
Je partage avec vous ma propre expérience, en toute humilité, et ce qui m'a aidée à trouver les clés pour profiter d'une vie personnelle épanouie tout en étant une *girlboss* accomplie. Vous allez voir qu'il est possible de travailler moins mais plus efficacement, grâce à un management bienveillant, participatif, à condition d'apprendre… à déléguer ! Se faire confiance et faire confiance n'est pas la même chose, mais les deux sont compatibles et essentiels pour votre équilibre.
Je parlerai aussi de la sphère médiatique qui m'a servi à lancer et booster ma marque mais aussi à devenir influenceuse, mon autre métier.
Enfin, je vous donnerai mes astuces pour ne pas craquer, prendre soin de soi physiquement et mentalement pour se sentir bien dans sa peau.
Puisse mon livre vous guider pour entreprendre votre projet, qu'il soit pro ou perso !

#Girlsempowerment

10 dates clés dans ma vie

1984	Naissance à Marseille
2001 à 2003	Baccalauréat économique + prépa HEC
2004 à 2007	SKEMA Business School, Master 2 Management spécialisation Luxe
2005 à 2007	Vente et merchandising chez Louis Vuitton
	Assistante attachée de presse chez Issey Miyake
	Presse Europe chez Celine
2007 à 2010	Assistante personnelle de la P-DG des Néréides, une marque de bijoux
2010	Avril : démission et retour dans le Sud
	Septembre : création de la marque Monpetitbikini.com
21/08/2015	Mariage
2017	Première co-création Instagram Monpetitbikini avec une influenceuse
2018	Naissance de mon fils
2019	Création de la marque NHLT Paris : maillots de bain et prêt-à-porter

Graine d'entrepreneuse

Première de la classe, mais la mode avant tout !

Je suis née à Marseille, mais en réalité, j'y suis restée très peu de temps. Nous avons ensuite emménagé près de Cannes, à Grasse. Et comme ma mère est réunionnaise, nous avons fait pas mal d'allers-retours entre son île et la métropole. J'ai une sœur qui a un an de moins que moi, on a toujours été proches. Mon père est chirurgien, ma mère professeure. C'est peut-être pour cela que j'ai toujours bien aimé l'école ; apprendre, c'est quelque chose d'important pour moi.

Toute petite, je m'en souviens très bien, je voulais être la première de la classe - ou, allez, dans les trois premiers. J'ai été bonne élève durant toute ma scolarité, plutôt studieuse, et, en y réfléchissant, je pense que j'étais déjà dans une sorte de challenge, de compétition de la réussite. Pour moi, pas pour mes parents ; et, je le précise, je voulais être la meilleure avec les autres, pas au sein de ma famille. Ma sœur et moi sommes très différentes, nous n'avons jamais été en rivalité et on peut dire que, chacune, on s'est trouvée : elle est infirmière libérale, moi, cheffe d'entreprise.

Après le bac, je me suis inscrite dans une prépa HEC à Aix-en-Provence. Puis j'ai préparé le concours des grandes écoles et j'ai été prise à la Skema Business School, une école supérieure de commerce et de management reconnue sur le campus de Sophia-Antipolis, qui offre de nombreuses formations et de multiples débouchés.

Comme j'ai toujours aimé la mode, le luxe - déjà, au lycée, j'adorais me faire des looks ! - je me suis destinée à travailler dans ce secteur. À aucun moment, je n'ai pensé à l'entreprenariat. Tout ce que je souhaitais alors, c'était faire un métier que j'aimais, bien gagner ma vie pour pouvoir faire du shopping... et la fête ! Je me suis spécialisée avec un master en luxe. Et il faut croire que j'ai fait le bon choix car, au cours de mes stages à Paris dans des grandes maisons de luxe, en particulier au sein du groupe LVMH - Vuitton, Celine, Dior (en cosmétique), mais aussi Issey Miyake -, j'ai évolué dans un univers que j'aimais et j'y ai appris la communication, en tant qu'attachée de presse. Un apprentissage qui m'est revenu comme un boomerang quelques années plus tard et qui me sert encore aujourd'hui... dans ma vie d'influenceuse ! Mais revenons à nos moutons, au moment où je venais tout juste d'être diplômée !

Une rencontre, tournant dans une voie toute tracée

Pour trouver mon premier boulot, je n'ai pas vraiment eu de difficultés : j'étais classée parmi les premiers de ma promo et surtout, comme j'avais déjà fait quelques stages, plusieurs opportunités de rester chez LVMH se sont présentées à moi. Génial, me direz-vous ? Sauf qu'à l'aube de mes 22 ans, je m'ennuyais déjà... Je suis quelqu'un qui s'ennuie assez vite et là, j'avais l'impression de faire toujours un peu les mêmes choses. Mais bon, qui refuse un premier poste chez LVMH ?

Alors que ma voie semblait toute tracée, je suis tombée sur une offre d'emploi qui a attiré mon attention : *La société Néréides, une petite entreprise de bijoux fantaisie, très haut de gamme et très parisienne, recherche une assistante personnelle pour sa P-DG.*

Oui, vous avez bien lu : assistante personnelle. Un job qui n'avait pas grand-chose à voir avec mon CV. Pourtant, j'ai décidé de postuler ! Et quand j'ai rencontré la P-DG, Pascale Amaddeo, elle était si rayonnante et avait un charisme si affirmé que j'ai eu un vrai coup de foudre - un *crush,* on peut le dire - pendant notre entretien... À tel point qu'en sortant je me suis dit que j'allais accepter ce job !

Cette rencontre décisive, je ne le savais pas encore, allait changer ma vie. Tout mon entourage m'a traitée de folle : « Tu vas vraiment lâcher un aussi grand groupe que LVMH pour rejoindre une toute petite maison indépendante ? Et en plus, pour devenir assistante

personnelle façon *Le diable s'habille en Prada ?* »
J'ai pris un peu de temps pour peser le pour et le contre :

Suivez vos intuitions sans trop réfléchir. Je dis souvent : trop de réflexion tue l'action. Faites-vous confiance !

Le contre : il était fort possible en effet que je regrette ce coup de tête et que je me morde les doigts d'avoir laissé un bon emploi dans une société avec pignon sur rue, et tous les avantages sociaux et financiers que cet emploi représentait.
- *Le pour :* je savais que j'allais vivre une aventure plus qu'incertaine dans cette toute petite structure, mais je sentais que ce job allait étancher ma soif d'apprendre, d'en découdre. Après avoir travaillé dans de grandes maisons, j'avais maintenant envie d'être au cœur de la création, de comprendre comment fonctionnait un business à petite échelle. Et devenir le deuxième cerveau d'une entrepreneuse qui avait le vent en poupe a achevé de me séduire... Alors j'ai dit oui !

Note à moi-même *:* il est souvent bon de suivre son intuition, de faire taire ses peurs, ses interrogations et celles des autres, et certaines rencontres nous y incitent.
Ce job, aux côtés de Pascale, je m'en suis vite rendu compte, était sans aucun doute fait pour moi !

Une ascension fulgurante

Pourtant, dans les faits, ce job n'avait rien d'excitant : je gérais le planning quotidien de Pascale, bookais ses rendez-vous, prenais des notes aux réunions, saisissais les comptes rendus, réservais des hôtels, des avions, achetais des vêtements pour elle, etc. Cela étant, je restais convaincue que, en m'investissant dans cette petite entreprise à taille humaine, j'allais pouvoir observer et beaucoup apprendre du fonctionnement d'une entreprise - chose relativement impossible dans une importante maison de luxe où l'on n'est qu'un maillon d'une grande chaîne.

En occupant ce poste, j'ai comblé ma curiosité : il faut dire que je me donnais corps et âme dans chaque tâche ; j'avais tellement envie de tout savoir, de tout comprendre que j'étais comme une petite souris minuscule qui n'en perdait pas une miette, qui voyait tout et absorbait tout ce qu'elle pouvait.

La vie de Pascale me paraissait hyper attractive et me fascinait. Elle avait monté son propre business, en était la P-DG, et elle était devenue une femme avec du pouvoir, de l'argent, et qui voyageait beaucoup : une vie de rêve pour la jeune femme que j'étais alors. La vie de Pascale, c'est finalement celle que je vis aujourd'hui !

Assez rapidement, on m'a confié de plus en plus de responsabilités ; je suis ainsi passée par un peu tous les postes, un vrai couteau suisse, et j'ai beaucoup appris, professionnellement et

**Écraser les gens, avoir les dents qui rayent le parquet, ça ne marche pas du tout.
Ma devise, qui se vérifie dans ma vie, c'est que, pour y arriver, il n'y a pas de mystère, il faut bosser ! Attendre les opportunités et les saisir. Et, pour peu qu'on ait une bonne étoile, qu'on l'écoute et qu'on s'en donne les moyens, ça finit toujours par payer !**

humainement - cette expérience cumulée me sert encore pour développer ma marque. J'avais vraiment une bonne relation avec ma *boss* qui me faisait confiance et me faisait progresser. Tout juste âgée de 22 ans, je suis devenue directrice commerciale. Bien que gratifiante, cette promotion, pour quelqu'un d'aussi jeune, m'a fait passer pour la petite nouvelle aux dents longues, mais peu m'importait. En réalité, je n'avais rien demandé, je n'avais écrasé personne pour me voir confier ce poste. Alors je me suis plongée dans mon nouveau travail et j'ai continué sur ma lancée... pour devenir à 25 ans le bras droit de la P-DG, à peine trois ans après avoir intégré la société.
Avoir à cet âge-là un poste à haute responsabilité, ce n'était pas si commun. Alors je me suis retrouvée en décalage avec mes amis qui, pour la plupart, cherchaient encore un travail. Certains s'étaient expatriés par-ci, par-là : un an en Australie pour les uns, un an aux États-Unis pour les autres... Si on dit que les voyages forment la jeunesse, c'est une formation dont je n'ai tout simplement pas bénéficié par manque de temps ! À 25 ans, alors que la plupart de mes amis faisaient la fête et menaient une vie

d'étudiant, dépendant financièrement de leurs parents, je bossais de mon côté comme une malade, avec des horaires à rallonge. Nos trains de vie divergeaient de plus en plus : beaucoup m'enviaient mon salaire de cadre supérieure qui me permettait de prendre l'avion comme d'autres prennent le bus et de vivre une vie sans contraintes… Bref, je courais à mille à l'heure, et j'adorais ça ! Je menais une vie professionnelle ultra-satisfaisante, certes, qui ne laissait pas beaucoup de place à ma vie personnelle, mais qui me convenait parfaitement : ce que mon boulot m'apportait et mon excellente relation avec Pascale étaient tellement épanouissants que ça ne me dérangeait pas plus que ça.

J'étais comme grisée, c'était la vie dont j'avais toujours rêvé !

Mon conseil

Petite ou grande entreprise ?

Tout dépend de ce que vous recherchez !
Grosse boîte = avantages sociaux, un bon salaire qui tombe tous les mois, une évolution possible au sein du groupe... Ça, ce sont les avantages. Mais l'inconvénient, c'est qu'on n'a souvent qu'une vision très limitée de la chaîne à laquelle on participe. Si on bosse correctement, ça marche plutôt bien, c'est plutôt confortable !
Moi, ce qui me dérangeait surtout, c'était d'être limitée dans mes tâches, de faire toujours un peu la même chose. Je trouvais le process de la hiérarchie lourd : tout était long, il était impossible de prendre une décision seul ou d'appliquer une idée sans qu'elle soit validée en amont par plusieurs personnes (et je ne parle pas des délais !)...
Dans une PME, on peut observer le fonctionnement de l'entreprise, ses différents services, de la comptabilité aux ressources humaines en passant par le commercial et la production. Si les avantages sont parfois plus maigres, la vision globale de la chaîne permet de trouver du sens à ses tâches et de savoir ce qui est fait pour nous... Et ce qui ne l'est pas !
Et puis on fait corps avec l'entreprise, on partage ses hauts et ses bas, avec un max d'adrénaline.
Pour le confort, mieux vaut passer, mais pour la motivation, c'est gagnant-gagnant !

Back to Cannes !

Au bout de trois années riches d'enseignements, là aussi, j'ai commencé à m'ennuyer - c'est vraiment quelque chose qui me suit ! Vous devez vous dire que je suis difficile ! Il me semblait que j'avais fait le tour du boulot, de la boîte...
Et puis je passais presque tous mes week-ends à faire des allers-retours en avion pour aller voir mes parents et ma sœur qui habitaient à Grasse - je suis très, très famille ! - quand mes amis du Sud, eux, étaient venus s'installer à Paris. J'étais plus que jamais une amoureuse inconditionnelle du Sud, du soleil... qui fait souvent défaut à Paris. Le salaire de rêve, le shopping, les soirées avec mes amis, la vie parisienne trépidante ne me suffisaient plus pour compenser l'absence de ma famille, du soleil, de la qualité de vie dans le Sud... L'envie de redescendre « chez moi » est devenue obsédante, mais avec un objectif non négociable : faire comme Pascale, c'est-à-dire créer ma propre boîte, être aux commandes et prendre seule mes décisions !

Boss sinon rien !

Vous vous en doutez, plus facile à dire qu'à faire ! Car lâcher un super job avec une super rémunération à Paris pour créer une entreprise dans le Sud, c'est comme sauter dans l'inconnu, cela a de quoi faire peur... OK, j'avais déjà pris un risque quand j'avais tourné le dos aux grands groupes, mais là, c'était différent, je n'allais plus pouvoir m'appuyer sur quelqu'un ; cette fois, c'était devenu une évidence pour moi, je ne voulais pas être le bras droit, je voulais être la *boss*.

J'ai décidé de démissionner sans plus tarder alors que je n'y voyais pas encore très clair ; je lâchais un boulot pour rien, en fait : car si je savais que je voulais créer mon entreprise, être ma propre *boss*, je n'avais absolument aucune idée de ce que cette entreprise allait être... Un peu culotté, j'avoue ! D'ailleurs, quand j'ai annoncé la nouvelle à mes parents, j'ai cru que ma mère allait faire un AVC. Mon père, lui, a été plus enthousiaste. Chirurgien libéral, il est en quelque sorte chef de sa propre entreprise.

Nous étions en décembre 2009. Quand j'ai informé Pascale de ma décision, j'ai bien vu qu'elle était déçue, mais elle a su se montrer compréhensive. À mon soulagement, elle m'a proposé une rupture conventionnelle en m'accordant plus de mois d'indemnisation que prévu. Et comme j'avais acquis beaucoup de compétences dans l'entreprise, elle m'a demandé de rester quelques mois supplémentaires, le temps qu'elle s'organise pour me remplacer.

Je voulais créer mon propre job, le job de mes rêves.
Être libre, et surtout être ma propre *boss*. Une *girlboss*.

Les dés étaient lancés… Les vacances de Noël approchant à grands pas, je suis partie respirer un peu à la Réunion, comme chaque année à cette période. Rien de tel que ma deuxième maison pour me ressourcer avant le grand changement !

Mon conseil

Démission ou rupture conventionnelle ?

Vous envisagez de quitter votre emploi ? OK, mais réfléchissez-y à deux fois avant de claquer la porte dans un mouvement d'humeur…

Si vous voulez quitter votre boîte, vous lancer à votre propre compte, essayez de négocier une rupture conventionnelle, ne démissionnez pas ! Les indemnités que vous toucherez (allocations-chômage et indemnisation spécifique) constitueront un apport précieux pour entreprendre. En cas de démission, vous n'aurez pas ce matelas de confort, il faudra que vous ayez des économies pour vivre, le temps de créer votre boîte et de vous payer un salaire.

Si votre patron refuse la rupture conventionnelle, par exemple parce que cela coûte trop cher à l'entreprise, ne vous braquez pas, ne vous mettez pas non plus en arrêt maladie ; préférez rester en bons termes, instaurer un dialogue. Discutez ensemble du montant de l'indemnisation afin de trouver un arrangement qui satisfasse les deux parties.

Un déjeuner providentiel

De retour en métropole, alors que j'effectuais mon préavis aux Néréides, je n'avais toujours pas la moindre idée de ce que j'allais faire. Je commençais à être très, très stressée. Le retour en arrière était inenvisageable. Je passais mes soirées et mes week-ends à réfléchir à mon projet, sans aucune étincelle à l'horizon... J'avais une pression énorme : la fin de mon préavis se profilait et je n'avais rien - pas de boulot, pas d'idée, pas de projet. Même si j'avais quelques économies devant moi, je me demandais si je n'étais pas en train de faire une belle connerie !
Un jour de février 2010 - je m'en souviens comme si c'était hier -, j'ai déjeuné avec deux copines qui projetaient de partir au soleil. N'ignorant rien de la *fashion addict* que j'étais, qui plus est, réunionnaise (*autrement dit,* je passe ma vie en maillot de bain - enfin, ça, c'est ce qu'elles s'imaginaient !), elles m'ont demandé où elles pouvaient trouver des maillots de bain en plein hiver. À l'époque, les collections « croisière » n'existaient pas. J'ai eu beau chercher, je ne voyais pas ! Pourtant, s'il y en avait une qui devait savoir ça, c'était moi : le peu de temps libre que j'avais, je le passais à faire les magasins. Plus pro du shopping que moi, ça n'existait pas !
L'idée m'a trotté dans la tête tout l'après-midi, si bien que j'ai quitté mon travail plus tôt ce jour-là pour aller faire un tour dans tous les grands magasins. Je les ai arpentés l'un après l'autre :

Il n'y a pas forcément besoin d'innover pour créer une entreprise. Il s'agit surtout de regarder ce qu'il manque autour de soi, dans sa vie quotidienne, pour le créer.

impossible de trouver un maillot de bain ! De retour chez moi, j'ai cherché sur Internet : rien en France. J'ai alors regardé du côté des États-Unis, de l'Australie et là, je suis tombée sur plein de sites de vente en ligne de maillots de bain.
Le constat ne s'est pas fait attendre : en 2010, il n'y avait *personne* en France sur le marché du maillot de bain en toutes saisons. Bingo ! Voilà que venait de surgir mon idée, mon opportunité : j'allais créer un site français de vente en ligne de maillots de bain !

Quand le marché est en retard par rapport à la demande...

Je resitue le contexte... C'était la pleine époque de la création des sites de voyages en ligne à prix défiant toute concurrence : voyageprivé.com, lastminute.com, promovacances.com, etc. Ces sites en plein boom bradaient des voyages, des formules tout compris, notamment pour partir au soleil en plein hiver - des séjours jusqu'ici réservés à une population plutôt aisée ou à ceux qui retournaient sur leurs îles natales. C'était le début des voyages pour tous à prix cassés. Or le marché du maillot de bain n'avait pas suivi ; face à cette nouvelle demande, il n'existait pas d'offre, personne n'avait commencé à vendre des maillots de bain en hiver.

Ça peut paraître dingue aujourd'hui, mais les principales marques de maillots de bain, françaises ou internationales, n'avaient pas de site de vente en ligne. Aux petites malignes qui me rétorqueraient que H & M existait déjà à l'époque, je réponds que même H & M n'avait pas de site de vente en ligne à ce moment-là. Ça n'existait tout simplement pas ! C'était le tout début des commerces électroniques type Sarenza. Aujourd'hui, tout ça a bien changé, toutes les marques ont leur site de vente en ligne.

Mon conseil

Répondre à un manque : la loi de l'offre et la demande

Mon credo ? Pour trouver une idée, nul besoin d'un business innovant ou sophistiqué, souvent il suffit d'observer le marché autour de soi. De répondre à un manque, à un besoin qui n'est pas assouvi.

Voici deux conseils que je donnerais aux entrepreneurs pour créer une entreprise.

1. L'idée ne doit pas forcément être innovante technologiquement ou nécessiter une invention, un brevet. Les meilleures entreprises sont souvent les plus simples et les plus efficaces. Par exemple, vous travaillez dans un quartier et vous avez remarqué qu'il n'y a pas de restaurant de sushis, ou de bar à salades, ou d'onglerie... Ou bien près de chez vous, il n'existe pas de boulangerie ou de joli salon de thé... Peut-être pouvez-vous répondre à ce manque, créer un business qui satisfasse ce besoin ? Si l'idée vous séduit, à vous la petite étude de marché pour confirmer la demande !

2. Le concept existe peut-être déjà, mais vous, vous allez le faire mieux. Autrement, à votre façon. Inspirez-vous des choses vues sur les marchés étrangers, qui n'existent pas encore en France. C'est ce que j'ai fait ! Pour cela, regarder hors de nos frontières ce qui se fait, voyager, est toujours très instructif ; d'ailleurs, à chaque voyage, je découvre des concepts qui me donnent envie d'entreprendre ! Aux États-Unis, ça se fait beaucoup de copier, pas trop en France. Mon conseil : gardez les yeux grands ouverts !

(Toujours) Lier l'utile à l'agréable

Vous savez que vous êtes entrepreneuse si, même en vacances, vous aimez caser des rendez-vous professionnels ! Être une *girlboss*, c'est un état d'esprit !

Au cours des deux mois qui ont suivi cette révélation, alors que je finissais mon préavis chez les Néréides, l'idée a continué de faire son chemin. En même temps, après les années intenses que je venais de vivre, à travailler non-stop, j'avais bien envie de m'octroyer enfin des vacances bien méritées. Et pourquoi pas, même, prendre un congé sabbatique pour voyager, voire travailler (on ne se refait pas !) à l'étranger ? Après tout, j'avais plein d'amis expatriés qui pouvaient me mettre en relation avec des maisons de luxe. Une stratégie un peu moins risquée que de me lancer à mon compte. Mais j'hésitais : voyages, installation à l'étranger... ou élaboration d'un business plan sans plus tarder ? (Oui, je m'amuse, je fais des rimes en *-er* ! Mais à l'époque, je peux vous dire que je ne rigolais pas du tout, on peut même dire que je n'en menais pas large !)

Finalement, je n'ai pas eu à choisir. Comme j'aime lier l'utile à l'agréable, j'ai proposé à mon père, qui était disponible, de m'accompagner pour ces vacances en avril à Hong Kong. L'agréable, c'était que je rêvais depuis longtemps de visiter cette ville, à l'époque, New York puissance dix ; et l'utile, c'était qu'il s'y tenait cette année-là... le salon international du maillot de bain !

Mon conseil

Le rôle de l'entourage

Osez vous lancer ! Vous aurez toujours quelqu'un dans votre entourage qui vous découragera, projettera ses peurs sur vous, vous fera préférer le confort à la prise de risque. Vos propres croyances pourront également vous limiter : *Et si je n'y arrivais pas ? Je ne suis pas assez bonne pour faire ça.* Pourtant, il n'y a pas de progrès sans sortir de sa zone de confort.
J'ai la chance d'avoir un père qui a toujours cru en moi. Chirurgien exerçant en libéral, dans le privé, il est en quelque sorte entrepreneur, il a sa clientèle et des salariés. Depuis toujours, il est derrière moi et me pousse à entreprendre ce en quoi je crois. Le fait qu'il croie en mes capacités me donne une confiance en moi presque inébranlable et une immense force pour réaliser mes objectifs dans la vie. C'est de lui que je tire ma pugnacité. Ma mère, fonctionnaire, a toujours un peu peur pour moi. Un peu comme toutes les mamans, je présume ! Entre l'aventure et la sécurité, elle a vite choisi ! On peut dire que je suis un bon mix des deux : je prends des risques, mais toujours mesurés.

Vie d'expat' ou retour dans le Sud ? À votre avis ?

Les voyages permettent de prendre du recul sur sa vie, mais aussi de trouver l'inspiration, un nouveau souffle. Ils me réussissent toujours !

Nous sommes donc partis, mon père et moi, à Hong Kong. Dans un coin de ma tête, trottait l'idée de peut-être m'y installer. Après tout, je me sens toujours bien sur les îles... Mais après quelques jours passés sur place, je me suis vite rendu compte que cela n'allait pas être possible : d'abord parce que vivre loin, très loin, de mes proches ne me correspondait finalement pas trop - la vie d'expatriée, très peu pour moi - mais surtout parce que commençait à germer en moi de manière plus précise cette idée de créer un site de vente en ligne de maillots de bain. Je sentais qu'il fallait que je le fasse maintenant, sinon quelqu'un allait le faire avant moi ! Je n'avais plus aucun doute, j'étais décidée à lancer mon site dès que possible.

Fin avril, en rentrant de Hong Kong, des maillots plein la tête et des modèles plein la valise, c'est un autre retour qui m'attendait : celui à la case départ. En effet, j'avais pris la décision de quitter Paris et je me suis réinstallée chez mes parents, dans le Sud. Il se trouve que ma sœur venait de rompre avec son petit copain, elle aussi s'installait de nouveau chez nos parents. Nous étions à nouveau réunis tous les quatre, à la maison, comme avant.

Mon conseil

Avoir une idée ambitieuse, mais réaliste

À l'époque, j'avais bien deux ou trois autres idées d'entreprises, mais elles nécessitaient toutes l'ouverture de boutiques. Qui dit boutique dit salariés, dit matériel, dit gros investissement financier au départ. Somme toute novice en création d'entreprise, un site de vente en ligne m'a semblé moins risqué, plus réaliste et moins coûteux.

C'est essentiel de suivre votre coup de cœur, néanmoins assurez-vous de ne pas perdre toutes vos billes !

Créer une entreprise doit se faire avec le cœur et toute son âme.

Un multimarque sinon rien, avec des maillots comme j'aime...

Le premier concept de mon entreprise était de créer une plate-forme réunissant plusieurs marques de maillots de bain sélectionnées sur le volet. En effet, n'ayant jamais suivi d'études de stylisme, je ne me sentais pas compétente ni légitime pour créer ma propre marque de maillots. Et puis ça me semblait très difficile de se faire connaître en partant de rien. En distribuant des marques connues, j'allais créer du trafic ; les gens achètent plus facilement des marques qu'ils connaissent, il y a moins besoin de faire de la communication. Pour autant, l'envie de proposer des maillots différents, des styles originaux, me taraudait, comme dictée par mes souvenirs d'enfance les plus lointains. Je m'explique.

Il n'était finalement pas anodin ni incongru que mon projet d'entreprise se soit porté vers ce type de produit : car en plus d'avoir identifié un manque et un besoin, j'avais déjà une expérience très personnelle avec les maillots. Mes origines réunionnaises m'ont permis de passer de nombreuses vacances sur les îles, comme la Réunion ou Maurice, tout comme de petits archipels que nos parents nous faisaient découvrir lors de nos escapades. Le scénario d'usage était alors toujours le même : chaque fois que l'on posait le pied sur une île, notre mère nous achetait sur place, à ma sœur et à moi, de nouveaux maillots de bain. C'est ainsi qu'après

> Mon objectif à long terme ? Révolutionner le marché du maillot de bain en France, en proposant le plus large choix possible de marques et de modèles venant des quatre coins du monde, hiver comme été, pour tous les budgets et toutes les morphologies. Ambitieux ? Et pourquoi pas ?

toutes ces vacances insulaires, j'ai compris que mes plus beaux maillots venaient de ces endroits. Il était de plus en plus difficile voire impossible de m'approvisionner en France, où les pièces essayées me paraissaient trop classiques, insuffisamment colorées ou fantaisistes. La faute au soleil moins présent ? Et puis la marque Princesse Tam Tam occupait le marché, à l'époque, et nous portions toutes, mes amies et moi, le même maillot de bain ou des coupes et des couleurs largement similaires.

... pour toutes les morphologies, et même des exclusivités !

À la suite de ce constat, mon idée s'est affinée : en plus d'innover avec un site en ligne de maillots de bain répondant à un besoin, je voulais dépoussiérer le marché en proposant un choix où toutes les femmes pourraient se retrouver, quels que soient leur goût et leur morphologie.
J'envisageais également de vendre des marques étrangères, qu'on ne trouvait nulle part en France. Ce serait un vrai point fort, puisque ces marques ne seraient disponibles à la vente en France que chez moi.
Après le salon du maillot de bain à Hong Kong, je me suis rendue au salon de la mode à Paris pour lancer mes recherches de marques que je souhaitais commercialiser. Puis j'ai entrepris une veille du marché sur Internet. Il n'y avait pas encore les réseaux sociaux, alors je cherchais sur la toile les sites américains qui proposaient la vente en ligne de maillots.
Je savais que la prochaine étape serait nettement plus difficile : contacter les marques au culot, une par une, pour les convaincre de me faire confiance, à moi la petite *Frenchie* de 25 ans qui voulait jouer dans la cour des grands !

L'idée ? ✓

L'étude du marché ? ✓

Convaincre les marques de me faire confiance, à moi la petite Frenchie *de 25 ans sortie de nulle part ?*
Ça va le faire !

Alors maintenant, c'est :

Dream,

Plan,

Do *!*

Itsi bitsi, petit bikini...

Vous connaissez la chanson : « Un itsi bitsi tini ouini, tout petit, petit, bikini », chantée par Dalida ?

♫ Itsi bitsi, petit bikini ♫
« Son petit itsi bitsi teenie weenie tout petit petit bikini Qu'elle mettait pour la première fois Un itsi bitsi teenie weenie tout petit petit bikini. »

Un jour, le destin m'a donné un coup de pouce ! Alors que je cherchais un nom pour ma future marque, j'ai entendu cette chanson à la radio dans ma voiture. Et là, l'Évidence, avec un grand E : ma marque allait s'appeler... Monpetitbikini ! Un nom simple, qui sonnait bien, juste parfait.
Aujourd'hui encore, je le trouve idéal. Depuis le début, les clients adorent ce nom, je suis persuadée qu'il fait partie du succès de la marque ! Quand j'ai créé par la suite d'autres entreprises, je n'ai jamais retrouvé cette évidence. Ainsi, quand j'ai lancé NHLT Paris avec Camille (voir page 127), cela a été plus compliqué de trouver un nom. Et j'ai moins accroché.

Mon conseil

Le nom de la marque : un véritable enjeu

Il doit être facile à écrire, facile à retenir, sans équivoque (on doit comprendre tout de suite ce qu'est la marque) et facile à référencer.

Très important : ce nom doit vous ressembler, bien sonner et vous plaire pendant longtemps... Parce que vous voulez que votre marque dure dans le temps, n'est-ce pas ?

Une fois trouvé, la première étape, c'est de vérifier que le nom de domaine est disponible (sur Ovh par exemple ou Gandi). C'est le plus important, avant même le nom de la marque, car si le nom de domaine est déjà pris, vous ne pourrez pas créer de site Internet.

Le gros avantage avec le nom Monpetitbikini, c'est qu'il comprenait le mot « bikini », on allait donc pouvoir être facilement référencé sur ce mot.

Se lancer, oui mais comment ? Et avec quel argent ?

Par mes études, je savais qu'il est impossible de se lancer sans un *business plan*, ou plan de développement : même si j'avais fait une école supérieure de commerce, que j'avais appris rapidement en cours à faire un business plan, je doutais de mes compétences à le préparer toute seule ! Alors j'ai demandé de l'aide. Et on m'a donné la formule !

À la suite de ma rupture conventionnelle, je m'étais inscrite au chômage et je devais justifier de ma recherche d'emploi. Au cours de mes rendez-vous, j'ai précisé que je souhaitais créer ma propre entreprise. Mon conseiller m'a donc orientée et informée que je pouvais choisir de toucher mes indemnités tous les mois, ou en une seule fois pour bénéficier d'un capital pour lancer mon entreprise. Autrement dit, j'avais le choix entre recevoir sur mon compte bancaire un virement mensuel, garanti, rassurant, ou investir la somme totale de mes indemnités pour me lancer. J'ai choisi la deuxième solution, risquée mais nécessaire : cet argent allait me permettre de financer ma création d'entreprise - en l'occurrence, d'acheter des stocks de maillots de bain -, même si je décidais d'en garder une partie au cas où...

C'est donc grâce à l'argent des allocations chômage qui m'étaient dues que j'ai pu me lancer ! Et aussi avec l'aide de mon père qui m'a donné 10 000 euros. Le fait que mon père m'ait donné cet argent a été un vrai moteur pour moi : je ne pouvais pas ne pas

Créer une entreprise, c'est sortir de sa zone de confort. Il n'y a pas d'entreprise sans prise de risque.

réussir, je ne voulais pas le décevoir, perdre cet argent qu'il m'avait donné en preuve de la confiance qu'il avait en moi. D'ailleurs, je me suis promis que le jour où je serai vraiment millionnaire, je lui rendrai sa mise réévaluée à la valorisation de l'entreprise !

Mon conseil

Utiliser ses économies ou emprunter ?

On me demande souvent avec quel argent j'ai démarré mon activité.
Malgré le fait que je gagnais très bien ma vie quand je travaillais aux Néréides, j'habitais à Paris, donc une fois que j'avais payé mon loyer, mon shopping, les allers-retours dans le Sud, les sorties, j'avais dépensé presque toute ma paye ! Je ne mettais pas d'argent de côté.
Aujourd'hui, je conseillerais aux personnes qui souhaitent créer leur entreprise – ou acheter une maison, financer des travaux, etc. – d'économiser un peu, de mettre de l'argent de côté. Cela témoigne d'une maturité et d'une certaine gestion des revenus. Et puis quand on crée une entreprise, avoir un apport personnel est souvent une condition *sine qua non* pour faire un prêt, et cela rassure les banquiers.
Conclusion : si vous avez envie de créer votre boîte, ne dépensez pas tout votre argent en chaussures et en restos !

Mon conseil

Incontournable : le business plan

C'est LE document officiel incontournable, qui formalise les projections de développement d'une entreprise : les objectifs, avec les méthodes et les délais pour les atteindre.
Personne n'aime le faire, mais c'est la base, le document le plus important lors de votre création d'entreprise, mais aussi tout au long de l'entreprise. Perso, je le fais au minimum tous les ans – un temps, je le faisais même tous les 3 mois.
Au début, faire un business plan paraît imbuvable et insurmontable, mais au final, c'est plutôt simple, il s'agit d'indiquer d'un côté les rentrées d'argent *versus* de l'autre les sorties. N'hésitez pas à vous faire aider d'un expert-comptable, d'une association, d'un ancien prof...
Mon conseil ? Ne soyez pas trop ambitieux, du style business à l'américaine avec des objectifs importants voire irréalisables : outre le fait de vous mettre une trop grosse pression parce que vous serez en retard sur votre chiffre d'affaires, vous risquez d'envoyer de la poudre aux yeux des banquiers et de ne pas réaliser les chiffres que vous aurez annoncés ; vos investisseurs auront du mal à vous faire confiance la fois d'après.
Mieux vaut prévoir moins et faire plus que l'inverse !

Mon conseil

L'aide à la création d'entreprise

Voici des super tuyaux ! Vous allez gagner du temps et surtout une précieuse aide !

– N'hésitez pas à demander de l'aide auprès de Pôle Emploi si vous êtes inscrit au chômage ou auprès d'associations dédiées comme l'Aide à la création ou à la reprise d'entreprise (ACRE) ou le réseau Initiative France.

– Dans chaque territoire, à moins de quarante-cinq minutes de chez vous, existe une association qui accompagne gratuitement les entrepreneurs et les finance pour créer, reprendre ou développer leur entreprise : aide au business plan, recherche de financements auprès des banques, prêt, dépôt des statuts de l'entreprise... Car inutile d'aller voir une banque (*Bonjour, je voudrais emprunter 50 000 euros !*) si vous n'avez pas tous les documents : business plan, plan de trésorerie sur trois ans, etc. Évitez l'expert-comptable qui va vous facturer une somme conséquente. Dans ces associations, des personnes compétentes, des partenaires, des parrains vont vous aider.

– De plus, une fois l'entreprise lancée, vous êtes exonéré en partie de charges sociales pour alléger votre début d'activité et vous êtes accompagné les premières années. Rassurant, non ?

Plus de renseignements sur Service-Public.fr et https://initiative-france.fr/

Raconter une belle histoire…

Je me suis rendue à l'association Initiative Terres d'Azur, où l'on m'a aidée, *drivée* sur la partie financière, le business plan, le plan de trésorerie, etc., mais aussi sur comment présenter mon concept. Là, j'ai compris qu'au-delà de l'idée, des chiffres prévisionnels, de la stratégie que je souhaitais pour mon entreprise, il fallait que je raconte une histoire.
Ça ne m'a pas vraiment paniquée, car c'est finalement la partie que je maîtrisais le mieux : avec mes études, je m'étais spécialisée dans le marketing ; dès la prépa HEC puis en école de commerce, on nous apprend à *pitcher*, à vendre, à bien emballer le paquet cadeau. Et ça, je sais faire. J'ai d'ailleurs par la suite gagné beaucoup de concours - dont le prix « Meilleur Espoir e-commerce français » en 2014, décerné par Jacques-Antoine Granjon et la Fevad (Fédération du e-commerce et de la vente à distance) - alors que je n'étais pas forcément la meilleure du business, mais j'étais celle qui avait la niaque, qui savait défendre son projet. Je racontais une histoire et je faisais rêver les gens.

C'est important de raconter une belle histoire, de la raconter clairement ; parce qu'il y a des personnes brillantes mais hyper technos, qui sont tellement dans leur projet qu'elles racontent une idée de projet que personne ne comprend en réalité.

Moi, ce que j'avais à faire, c'était de parler de maillots de bain aux investisseurs. Et avec la plage, le soleil, les filles en maillot de bain, j'avais de quoi faire rêver les banquiers !

Mon conseil

Le storytelling : vendre du rêve

Le *storytelling,* c'est littéralement le fait de raconter une histoire à des fins de communication. Autrement dit, une technique de marketing, enseignée dans les écoles de commerce : plutôt que de mettre en avant des arguments classiques pour vanter un produit, une marque, on met en scène une histoire. Vous pouvez vous former au storytelling dans les associations dont on parlait précédemment, à Pôle Emploi...

C'est très important de raconter une histoire, de faire voyager avec nous les gens qui vont l'entendre ou la lire. Cette histoire doit faire rêver, on doit comprendre facilement le but de votre entreprise, visualiser très clairement son avenir.

Mon conseil ? Préparez bien votre storytelling en la testant auprès de vos amis, de votre famille. Elle doit être simple et compréhensible, même de personnes qui ne sont pas dans le business !

… et être la première à y croire

C'est très important de visualiser son projet, sa réussite, et de formuler clairement ses objectifs pour qu'ils se manifestent. C'est la loi de l'attraction !

Ça y est, j'étais fin prête ! J'ai donc pris rendez-vous avec une dizaine de banques. Pour chaque rendez-vous, j'arrivais avec un dossier béton, un apport personnel non négligeable (un peu d'économies, l'argent de mes indemnités Pôle Emploi et celui de mon paternel, soit entre 20 000 et 30 000 euros), un savoir-faire commercial et mon plus beau sourire.
À ça, j'ajoutais une niaque et une ambition démesurées : je n'hésitais pas à dire que mon concept était ultra-innovant, inédit et que je plaçais la barre très, très haut, je rêvais très, très grand : c'est bien simple, j'allais très vite être la numéro un en France du maillot de bain !
J'étais tellement moi-même persuadée de ma future réussite que c'en était contagieux. J'y croyais à dix mille pour cent, à mon rêve ! Je ne voulais pas d'une mini-boutique, commencer petit, non, je voulais être la numéro un en France, la Victoria's Secret® du maillot, et construire un empire, le mien…
Sûre de moi, j'avais réponse à toutes les questions que me posaient les banquiers. (J'avais aussi tout bien bordé, je vous rassure !) Et à ceux qui m'objectaient qu'acheter un maillot sans l'essayer, c'était risqué, je répondais que j'avais prévu des conditions

ultra-sécurisantes pour le client : une politique du retour possible, un échange gratuit - et ça, c'était nouveau et attractif. J'avais aussi réalisé un sondage dans la rue, dans plusieurs grandes villes (Paris, Marseille, Nice...), pour savoir ce que pensaient les gens d'acheter un maillot de bain sur Internet.

Act like a lady, think like a boss!

À ce sujet, j'ouvre une parenthèse : arrêter les gens dans la rue pour leur poser des questions, ça a été une véritable épreuve pour moi qui suis très timide, vous n'imaginez même pas, mais je n'avais vraiment pas les moyens, à ce moment-là, de me payer une étude de marché. Le système D, au démarrage, n'est pas une option !

Et j'ai eu raison de sortir de ma zone de confort, de dépasser ma timidité, car ce sondage a été un outil de plus pour convaincre les banquiers : « Vous n'y croyez pas ? Regardez mon sondage ! Les statistiques parlent d'elles-mêmes ! » Voilà, je vous le répète, mon dossier était béton !

J'ai dû être convaincante car, sur la dizaine de banques que j'ai rencontrées, seule une a refusé de m'accorder le prêt sollicité. Dans ce contexte, j'ai eu l'embarras du choix et j'ai pu m'offrir le luxe de négocier les conditions, le taux du prêt...

Mon conseil

Dépasser ses peurs et les doutes de l'entourage

Quand je me suis décidée à créer mon entreprise, presque tout mon entourage (amis, famille) mais aussi des marques de maillots que j'avais démarchées m'ont exprimé des réserves :
– « C'est une folie : acheter un maillot de bain sur Internet, sans l'essayer, mais tu es complètement folle, personne ne va acheter ! Et en dehors de l'été, tu ne vas rien vendre ! »
– « Tu ne vas pas avoir de prêt : si nous, on n'y croit pas, alors les banquiers... Et puis tu es une femme. Et puis tu es jeune. Et puis tu vas perdre tes économies et l'argent de Pôle Emploi ; tu vas investir et tout perdre, choisis plutôt la sécurité : le virement mensuel de ton chômage ! »
– « Aucune marque n'acceptera de vendre ses maillots sur le site d'une inconnue, aucune, alors pas nous ! », etc.
Il y a toujours des personnes qui vous découragent, qui partent perdantes ou qui sont tout simplement jalouses de votre audace (ce dont elles ne se rendent pas toujours compte).
Mon conseil ? Vous pouvez écouter les remarques, les conseils des autres. Mais ne vous laissez pas décourager. Au contraire, je vous recommande de suivre votre intuition et de tout border. Une fois, deux fois, autant de fois qu'il le faut pour obtenir un dossier nickel !
Quand on est entrepreneur, il faut savoir se dépasser... et dépasser les peurs des autres !

Être une femme, qui plus est jeune : un atout ou un inconvénient pour entreprendre ?

Vous commencez peut-être à vous demander comment j'ai pu réussir à convaincre presque toutes les banques de me faire confiance ?
Réponse : en plus d'avoir un dossier techniquement parfait, j'ai joué une carte, celle de la fraîcheur, de la jeunesse… À l'époque, j'avais 25 ans mais on m'en donnait maximum… 18 ! Forcément, je me suis demandé si on allait me prendre au sérieux.
Alors d'accord, j'avais fait une école de commerce et avant, une prépa HEC - des études reconnues pour leur valeur - mais après, question business, je n'avais pas vraiment d'expérience pour me lancer. Et puis on entend souvent dire que c'est plus difficile de faire carrière quand on est une femme, alors entreprendre au féminin… je vous laisse imaginer. Pourtant, je n'ai pas vécu les choses comme ça, j'ai l'impression que le fait d'être une femme m'a plutôt servi. Je vous explique…
En plus de vendre des maillots de bain (un projet nettement plus sexy, vous le reconnaîtrez, que l'ouverture d'un garage ou d'une franchise d'épicerie !), je me présente aux banquiers comme une jeune femme souriante, pétillante, remplie d'énergie et d'envies, avec des rêves plein la tête, mais aussi des chiffres solides, un plan maîtrisé, des objectifs clarifiés, une vision à long terme.

Bref, j'apporte avec mon dossier une bouffée d'air rafraîchissante. C'est sûr, mon profil les change des hommes en costard-cravate ! Le fait que je sois une femme, ma jeunesse, mes convictions, mon projet, mon dossier irréprochable ont donc été un avantage. Et grâce à la confiance de la banque que j'ai choisie, qui m'a prêté les fonds nécessaires, j'ai pu créer mon entreprise. Je suis la preuve vivante qu'être une femme ne rend pas les choses impossibles. Et je crois pouvoir dire qu'au fur et à mesure du développement de mon entreprise, je n'ai rien perdu de mon enthousiasme, et les banques ont continué à me suivre.

Si tu n'as pas la foi, personne ne l'aura pour toi !

Mon conseil

Les qualités, à mon sens, pour être une *girlboss* :

- Être déterminée
- Avoir une grosse capacité de travail et ne pas compter ses heures
- Être créative
- Être focus
- Savoir se remettre en question
- Avoir un bon instinct
- Être touche à tout
- Voir loin (*dream big* !)
- Être passionnée par ce que l'on fait

Oser rêver grand, croire en ses rêves pour y faire croire les autres, voilà un facteur clé. Si tu n'y crois pas toi-même, ça ne va pas marcher.

Serial acheteuse de maillots de bain

Une fois le prêt obtenu, je disposais d'un capital de presque 80 000 euros. J'allais l'utiliser en partie pour payer mon site Internet, en partie pour acheter des maillots.
Moi, la reine du shopping, je m'en suis donné à cœur joie ! Et en toute bonne conscience ! Je suis allée démarcher les marques une par une : au salon du maillot, au téléphone en France, et sur Internet pour les marques internationales.
Ce n'était pas toujours facile de les convaincre car personne, à l'époque, ne croyait à la vente en ligne de maillots de bain toute l'année. Surtout, les marques ne savaient pas faire, elles n'avaient pas les compétences pour créer un service en ligne !
Et puis elles étaient méfiantes avant de s'engager : elles voulaient savoir quelles marques j'avais déjà sur mon site. Alors, sans me décomposer, j'expliquais que je n'en avais aucune pour le moment, car je démarrais tout juste mon activité. Mais j'y croyais très fort, et mon authenticité, ma fougue, « contaminaient » mes interlocuteurs ; je les faisais adhérer à mon rêve et répétais à chacun que c'était très important pour moi que leur marque soit sur mon site...
Quand j'ai réussi à décrocher Banana Moon, la première marque française, j'ai senti que j'avais passé un cap : ils étaient les premiers à croire en moi, en mon projet qu'ils trouvaient novateur, et une fois qu'ils m'ont dit oui, je suis devenue crédible auprès des autres

marques. Avec cette belle carte de visite, celles-ci ont suivi. Ils m'ont vendu leurs maillots à un prix de gros, comme si j'étais une boutique revendeuse - ce qui était le cas : j'étais juste sur Internet au lieu d'être un lieu physique.
Je me suis retrouvée rapidement avec des cartons et des cartons de maillots.

Banana Moon a participé à ma réussite. Dès le début, j'ai vendu des milliers de maillots de bain de la marque. C'était la plus connue sur mon site – et ça l'est resté pendant des années.

Mon conseil

Ne pas se tromper de cible

J'ai décidé de vendre des maillots de bain pour femmes, pas pour hommes. Pour une raison très simple : les études de marché sont unanimes, les hommes achètent moins de maillots de bain que les femmes. J'ai un moment imaginé que les femmes venant sur mon site allaient acheter un maillot pour leur homme... J'ai donc fait un test, qui n'était pas concluant donc j'ai abandonné l'idée : pas de marché donc pas de potentiel ; je n'ai pas perdu d'argent, ça sert à ça, les tests !
Conclusion : les femmes n'achètent que pour elles ! Et, à bien y réfléchir, ce n'était pas plus mal car le nom de la marque Monpetitbikini sonne somme toute très féminin...

Sous les projecteurs : premier shooting !

Une fois les maillots achetés, il fallait que je les montre aux futures acheteuses ! Ça semble difficile à imaginer aujourd'hui, mais les marques n'avaient pas de photos de leurs maillots, parce qu'elles les vendaient en boutique ! J'ai donc dû organiser des shootings pour prendre en photo chaque maillot de chaque marque. Pour ça, j'ai recruté des mannequins et un photographe et nous avons réalisé des photos devant un mur blanc, tout simplement !
Ma sélection de maillots faite et shootée, il fallait qu'elle soit vue par le plus grand nombre... Et vendue : *go* pour la création du site !

Dès le début, j'ai été attentive à l'identité visuelle de Monpetitbikini. C'est toujours le cas aujourd'hui !

Mon premier site : je me suis fait avoir comme une débutante !

Si je savais très bien ce que je voulais (en matière de présentation, d'offre, de code couleurs, etc.), je n'avais pas les compétences pour construire le site, alors j'ai fait confiance à une personne que j'avais repérée sur Internet, en cherchant avec le mot-clé « webmaster ». Ce prestataire que j'ai choisi pour créer mon site, je m'en suis malheureusement vite rendu compte, était mauvais. Une fois livré, mon site ramait complètement, une vraie catastrophe ! En plus de cela, le design était raté. À tel point que j'ai vite compris qu'il allait falloir le refaire…
Deuxième catastrophe : si j'avais provisionné les frais de création d'un site, je n'avais pas prévu les frais d'un deuxième site, un bug que je n'avais pas envisagé dans mon business plan ! Et quand tu crées ta boîte, chaque euro compte ! Mais je n'avais pas vraiment le choix, le site fonctionnait trop mal pour le laisser tel quel, donc moins d'un an plus tard, j'ai dû le refaire, cette fois avec une autre société ; j'ai donc déboursé une nouvelle somme…
Première erreur d'appréciation, première conséquence financière : refaire le site m'a coûté plusieurs milliers d'euros. Une mauvaise nouvelle pour moi car, à l'époque, je ne gagnais pas encore d'argent. Première erreur, mais aussi premier apprentissage : d'accord, je me suis fait avoir comme une débutante, je suis déçue de moi-même, mais je vais tout faire pour que ça n'arrive plus.

***Tout le monde échoue.
C'est la façon dont
vous réagissez
à ces échecs qui fait
toute la différence.***

Mon conseil

S'adapter aux imprévus, aux échecs, surtout au début

N'importe quelle entreprise qui est créée traverse des imprévus, même avec le business plan le plus parfait. Personne, par exemple, n'avait prévu la pandémie Covid-19 !

Pour moi, l'imprévu a été la création de mon premier site. Je suis tombée sur quelqu'un d'incompétent. J'ai donc dû décider de le refaire monter de zéro. C'est pénible mais ça arrive.

Il ne faut pas se laisser abattre au premier accident de parcours. Il y en aura au début, mais aussi un peu tout le temps, avec des conséquences financières et humaines plus importantes au fur et à mesure que l'entreprise grossit : on ne parle plus alors en milliers d'euros mais en centaines de milliers d'euros !

Pour autant, je suis convaincue d'une chose : le travail paie toujours, alors n'abandonnez jamais, ne lâchez rien. Vous pouvez toujours rebondir, même après les pires échecs. Mon expérience ne va cesser de vous le prouver !

3... 2... 1...
Lancement !

La clé de la réussite sur Internet : le référencement

Septembre 2010, malgré un premier site bancal, Monpetitbikini.com a vu le jour. J'ai prévu un petit budget pour le marketing, indispensable, parce que ce n'est pas le tout d'avoir une boutique en ligne, encore faut-il la faire connaître ! Je rappelle que les réseaux sociaux n'existent pas encore.

Alors je commence par la base : acheter des mots-clés sur Google, pour que ma marque apparaisse sur la première page des résultats quand quelqu'un tape dans le moteur de recherche « maillot de bain », « maillot de bain femme », « bikini »... Cette technique s'appelle le « référencement payant » : eh oui ! parce qu'à chaque fois que quelqu'un clique sur le mot « maillot de bain », ma marque apparaît, mais ça me coûte plusieurs dizaines de centimes d'euro, voire un euro. (Si vous voulez en savoir plus sur le référencement, je vous explique ça en détail page 80, vous verrez qu'il est un élément clé de la stratégie d'une marque).

Quelques dizaines de centimes par clic : ce n'était pas cher à l'époque, tout simplement parce qu'il n'y avait personne d'autre que moi en France sur le marché du maillot de bain ! Personne d'autre que moi ne payait pour ce mot.

C'est comme ça que j'ai réussi : j'ai anticipé un nouveau marché. Quand une personne tapait « maillot de bain », mon site apparaissait en premier et la personne pouvait trouver le maillot qu'elle cherchait et l'acheter. Et très vite, j'ai eu la confirmation que mon idée de business, mon intuition de base, était la bonne. Il n'y avait pas de maillots de bain dans les boutiques toute l'année, or les gens en cherchaient. En quelques semaines seulement, j'ai réalisé beaucoup de ventes parce que les gens cherchaient des maillots sur Internet et que j'étais toute seule - on peut le dire, seule au monde ! Et même si mon premier site n'était pas parfait, tous les clients potentiels atterrissaient chez moi.

Ding, ding, ding, dans les caisses de ma trésorerie !

Home office... Ou plutôt, *garage office* !

Vous vous demandez peut-être où étaient mes bureaux, d'où je travaillais ? En fait, au tout début, je n'avais pas de bureau et, rappelez-vous, j'étais retournée habiter chez mes parents. Alors j'ai commencé mon entreprise dans leur garage, situé en sous-sol. Comme pas mal d'entrepreneurs d'ailleurs : c'est comme ça que Steve Jobs a commencé avec Apple !
J'avais un peu de stock d'avance... Je réceptionnais les commandes passées sur le site et m'occupais des envois aux clientes. Au début, c'était trois par jour, parfois zéro, j'attendais. Puis ça a été dix, vingt, trente, quatre-vingts commandes par jour !
Voici comment se déroulaient mes journées : à peine réveillée, j'allumais mon ordi, j'imprimais les commandes, les étiquettes avec les noms et adresses et je commençais à préparer les colis. Ma sœur, ma mère, mon futur mari, quand ils ne travaillaient pas, m'aidaient ; ils me rejoignaient dès qu'ils avaient dix minutes ou à la pause déjeuner. Tout au long de la journée, je réceptionnais aussi les cartons de réassortiment des maillots envoyés par les marques que je diffusais. L'après-midi, je remplissais ma voiture des colis pour les apporter à la poste du quartier ! J'avais un cabriolet à l'époque : je m'en souviens, je devais décapoter pour pouvoir loger le plus de colis possible. Parce que très vite, j'ai dû faire plusieurs allers-retours tellement il y en avait. C'est dommage, à l'époque, on ne faisait pas des photos de tout

comme maintenant, franchement, c'était comique ! Avec tous ces allers-retours, je ne passais pas inaperçue !
Jusqu'au jour où ma mère m'a dit que ce n'était plus possible : mes parents ne pouvaient plus garer leurs voitures tellement les cartons s'accumulaient dans le sous-sol. J'ai eu beau lui démontrer que j'écrivais une vraie *success story*, elle m'a rappelé qu'elle était chez elle ! Et comme je commençais à gagner ma vie, il était temps que je vole de mes propres ailes...
Et puis, si jusqu'ici mon entourage m'aidait comme il le pouvait, le succès a été tel que cette aide ne suffisait plus. Je commençais à ne plus m'en sortir. Et puis, à force de traiter les commandes, je ne faisais plus mon travail d'entrepreneuse, que personne ne pouvait faire à ma place. Il me fallait passer au stade supérieur, autrement dit, embaucher... Et déléguer. Encore fallait-il avoir un bureau digne de ce nom...

Les mentors : retour à la case école !

Je ne le savais pas, mais toutes les écoles de commerce ont des incubateurs. Pendant mes études, comme l'idée de créer ma propre entreprise ne m'avait pas effleurée, je n'y avais pas particulièrement prêté attention et je ne m'étais pas renseignée plus avant. Surtout, je n'avais pas choisi la filière entrepreneuriale.
C'est par hasard qu'un ancien professeur m'a contactée ; il avait eu vent de ma *success story* et m'a proposé de mettre à ma disposition un incubateur et, parmi les services proposés, un bureau… dans mon ancienne école. Et même des stagiaires. Je m'y suis donc installée à mi-temps, et le reste du temps je continuais mes colis !
Le retour à mon école, un an après la création de mon site, a été plutôt sympa, je me sentais moins seule, d'autant que maintenant, j'avais deux pontes de l'entrepreneuriat qui suivaient mon activité et me coachaient. Mes *business angels*, ou plutôt mes mentors, m'aidaient à faire mes tableaux de suivi, à remettre à jour mes business plans, ma trésorerie. Ils me mettaient en garde à certains moments, certains virages… Bref, ils me rassuraient et trouvaient des réponses à toutes mes questions. Un vrai plus, parce que, croyez-moi, on se sent souvent seul quand on est entrepreneur !

Mon conseil

L'incubateur d'entreprise

C'est tout simplement une structure qui offre un accompagnement à la création d'entreprise et qui joue le rôle d'un accélérateur en mettant à disposition tout un panel de ressources (conseils, financement) et de services (compétences, formations, matériel, etc.) pour entreprendre dans les meilleures conditions.

D'abord créés pour la recherche publique ou l'enseignement supérieur, les incubateurs se sont ouverts au monde économique. Il en existe des publics comme des privés. La plupart des grandes écoles (de commerce et d'ingénieur) ont des incubateurs, certaines grandes entreprises aussi. Il en existe également dans les collectivités locales : French Tech, réseau Retis, Label Paris Innovation, Pôle Emploi...

Les incubateurs sont un réel coup de pouce pour transformer une idée innovante en entreprise performante. Pour en bénéficier, il faut candidater. Si l'on est retenu, c'est le grand oral assuré ! Alors là aussi, il faut préparer un dossier béton. Mais clairement, c'est le petit coup de pouce qu'il me fallait !

P-DG... d'une personne et d'une plateforme

C'est donc pile un an après le lancement de ma marque que j'ai recruté Coralie... ma fidèle collaboratrice ! Elle a commencé par un stage avant que je la salarie. Photographe et graphiste, elle faisait les photos, les importait sur le site, mettait en page les descriptifs et textes accompagnant chaque modèle mais aussi la *newsletter* que j'écrivais. En gros, elle s'occupait de l'image, moi du rédactionnel, du marketing et du service clients.
J'aimais bien ajouter ma petite touche dans les fiches produit, avec un conseil de style : à porter comme ci, avec ça, etc. Je faisais encore du *storytelling* ! Pareil, j'ai innové avec la *newsletter* : j'y racontais les débuts du site, mettais en avant une nouvelle marque, donnais des conseils, etc.
Il y avait, comme je l'avais prévu, des ventes toute l'année. Mais j'animais le site régulièrement en créant des événements comme la présentation d'une nouvelle marque diffusée, en affichant des « collections » recommandées selon les saisons, en proposant des remises, des soldes, des promotions, le tout pour dynamiser les ventes.
J'étais particulièrement attentive au retour des clientes, à leurs attentes, pour m'adapter en permanence et répondre à leurs envies. Et puis j'aimais glisser dans le colis un mot manuscrit personnalisé, un petit cadeau, une pochette de maillot de bain...

Très vite, je me suis fait cette réflexion : je ne suis pas logisticienne, encore moins postière ou factrice, je ne peux pas passer mes journées à faire des colis, et de toute façon, je ne vais plus pouvoir longtemps faire face à la demande croissante. Alors j'ai fait ce que beaucoup n'ont pas osé faire dans la vente en ligne, car cela représente un investissement : j'ai pris une plateforme logistique. Et ça m'a changé la vie ! J'ai pu me recentrer sur le développement de ma marque.

Je voulais vraiment faire la différence, offrir un service attentionné, chouchouter mes clientes.

Apprendre à déléguer : pas si facile et pourtant essentiel

Déléguer, c'est un peu ma marque de fabrique. Vous allez vite comprendre que c'est le cœur de mon raisonnement...

Tous les gros entrepreneurs, tous les gens qui ont réussi ou qui ont du patrimoine vous le diront : on ne passe pas du temps à faire des choses que d'autres peuvent faire pour nous. Même chez eux, ils ont une PME pour employer leur assistant personnel, leur femme de ménage, leur cuisinier, leur jardinier, leur coach sportif, leur nounou, etc.

Et *spoiler alert* : ce n'est pas juste parce qu'ils peuvent se le permettre ou parce qu'ils sont de gros paresseux, c'est parce que leur valeur ajoutée est ailleurs. (Retenez bien : *leur valeur ajoutée est ailleurs.*)

Je vous garantis que cette réflexion est hyper puissante, c'est elle qui me guide tous les jours dans tout ce que je fais. Elle est même devenue un mantra pour moi : dès que je commence une tâche, je me demande si c'est à moi de la faire... ou si quelqu'un peut la faire pour moi. Exemples :

- Si j'ai pris une plateforme logistique, c'est parce qu'elle fait mieux les colis que moi ! Et je peux me concentrer sur le développement de ma marque. (Et puis, entre nous, faire des colis toute la journée, c'est *boriiing* !)

- Si je prends un photographe pour le shooting des maillots, c'est parce que c'est son job, je ne vais pas m'improviser photographe d'un jour, c'est sûr que je ne ferai pas aussi bien que lui.
- Si je prends un comptable, c'est parce qu'il fera mieux les bilans que moi pour les impôts et l'Urssaf. J'aime bien les chiffres, mais à petites doses !
- À l'inverse, si je prends l'exemple d'une séance de sport, là, je suis bien obligée de la faire, parce que c'est pour ça que je paye un coach : pour m'entraîner et avoir des résultats, sur moi.

Malheureusement, la plupart du temps, les gens n'arrivent pas à déléguer ! Moi-même, j'ai eu du mal à lâcher le service clients. Je reconnais que ce n'est pas facile au début, mais croyez-moi, on en tire de tels avantages qu'une fois qu'on a testé, on y prend goût ! Et ça paie !

Après Coralie, j'ai embauché une assistante commerciale pour s'occuper, justement, du service client : faire le lien avec la plateforme logistique, gérer les retours, les échanges... Et j'ai engagé une standardiste. Ça, je peux le dire, ça a été une grande libération : je ne supportais tout simplement plus que mon téléphone sonne toute la journée et de passer des heures avec, pour tout et n'importe quoi. Encore aujourd'hui, je déteste le téléphone.

Est-ce à moi de le faire ? Ou quelqu'un peut-il le faire (mieux ou aussi bien) à ma place ? Toujours se demander où est sa valeur ajoutée.

C'est comme une agression pour moi, une intrusion. (Note à moi-même : me déconditionner...)
J'ai recruté quelqu'un pour s'occuper de l'administratif, des ventes et retours clients, de la logistique. Quelqu'un d'autre pour rédiger les fiches des produits. Et enfin un expert-comptable (voir plus haut pourquoi !). Et moi du coup j'avais plus de temps pour développer la marque, travailler sur la stratégie, augmenter le chiffre d'affaires, etc.
Ce qu'il y avait de pratique, c'est que comme j'étais passée par tous ces postes, je savais exactement ce que j'attendais et demandais à mes salariés.
Je dois avouer que l'une des choses que j'ai déléguées en dernier, c'est la comptabilité elle-même... Je ne sais pas pourquoi je me suis longtemps gardé cette corvée de rassembler les notes de frais, les factures, de remplir des fichiers Excel à n'en plus finir, des relevés de bord, etc. Ça me prenait beaucoup de temps et ne m'enrichissait pas vraiment (intellectuellement, j'entends !). Donc je procrastinais, du coup j'étais en retard, donc stressée, du coup l'expert-comptable me relançait... L'enfer ! Depuis que j'ai une comptable, envolé le stress ! Elle fait ça beaucoup mieux que moi, et en temps et en heure : normal, c'est son job !

Mon conseil

Les *do* et les *don't* de la délégation

DO

– Prendre le temps d'expliquer, de montrer comment faire, donner le bon mode d'emploi.
– S'assurer que la personne a bien compris, lui poser des questions.
– Donner un planning avec des dates de *reporting* pour corriger d'éventuelles erreurs, dénouer des points de blocage.
– Proposer son aide à tout moment.
– Valoriser la tâche que l'on délègue.
– Montrer qu'on a confiance en la personne, qu'on la sait capable de mener à bien la tâche.
– Enfin, lâcher prise !

DON'T

– Déléguer la même chose à plusieurs personnes : personne ne se sent responsable.
– Expédier la mission, rester vague, ne pas savoir soi-même ce qu'on demande et dans quel but.
– Ne pas soutenir la personne à la première erreur.
– Garder le contrôle !

Faire du chiffre, mais perdre de l'argent : le début d'une entreprise

Comme la marque a très vite cartonné, j'ai dégagé beaucoup de chiffre d'affaires... mais j'ai aussi perdu de l'argent. Et ça, je n'y étais vraiment pas prête ! Et vous, vous comprenez comment c'est possible ?
En réalité, c'est assez simple. Quand on crée une entreprise, on ne le sait pas assez, mais même si elle marche bien, il est normal de perdre de l'argent la première année. Pourquoi ? Parce que l'on investit beaucoup au départ ; pour ma part, le gros de l'investissement était dans l'achat du stock, la création du site, le shooting, l'achat de mots-clés dans Google... Des investissements indispensables, nécessaires et heureusement payants en retour, puisque c'est grâce à eux que j'ai pu dégager du chiffre. Le jour où ces investissements sont enfin remboursés, on devient rentable. En attendant, je ne l'étais pas encore !
Passé la frayeur - *moi, perdre de l'argent, alors que ma marque marche ? que j'ai toujours été la première ? Mais quand est-ce que ça va s'arrêter et que je vais en gagner ?* -, passé l'incompréhension - *comment puis-je perdre de l'argent alors que j'ai fait 180 000 euros hors taxes de chiffre d'affaires la première année ?* -, ça m'a encore plus donné la niaque pour réussir. Mon capital de départ baissait à vue d'œil, il fallait que je me ressaisisse, là, maintenant, tout de suite ! Car si je

perdais encore de l'argent l'année suivante, c'en était fini de mon entreprise.
En réalité - je vous le dis si vous prévoyez de faire un business plan -, je n'avais pas prévu assez de trésorerie pour perdre *deux* années de suite de l'argent. Alors ça a été très difficile pour moi. Outre le sentiment d'échec personnel, je n'avais plus d'économies, et je n'avais plus de chômage (puisque je l'avais mis dans l'entreprise), donc je n'avais plus d'argent tout court !
Entre-temps, j'habitais avec mon futur mari. Nous avions beau vivre d'amour et d'eau fraîche, comme dit l'expression, nous avions des frais, comme n'importe quel couple : le loyer, les courses, etc. Lui avait heureusement un salaire, pas très important, mais fixe. J'ai dû arrêter le crédit de ma voiture et faire attention à tout. Fini le shopping, fini les restos !
Mais mon idée fixe, c'était de réussir avec mon entreprise, alors j'étais prête à faire autant de sacrifices qu'il le faudrait. Même si je n'avais pas (même plus) droit à l'erreur.
Quand j'y repense, je me dis que c'est bien d'entreprendre quand on est jeune, sans trop de responsabilités, sans enfants, pour ne pas craindre pour eux.

En résumé, ma marque connaissait une réelle *success story* alors que je vivais comme une pauvresse ! Sans mentir, je ne pouvais pas m'acheter une chose à dix euros à ce moment-là, c'était impossible. Et je commençais tous les mois avec zéro euro sur mon compte.

Le plus dur finalement, ce n'est pas de se lancer, mais de passer le cap des toutes premières années.

Devenir rentable... grâce au marketing digital

Je déteste (et encore, le mot est faible) perdre de l'argent. J'ai passé des nuits blanches à retourner le problème dans tous les sens pour avoir enfin une entreprise rentable.
Le lancement et l'accompagnement de la marque avaient été essentiellement du webmarketing, même si on a eu de la presse (voir juste après). Mais acheter des mots-clés commençait à me revenir cher. Au début, je vous l'ai dit, c'était hyper avantageux financièrement. Mais quand la concurrence est arrivée - parce qu'elle a fini par arriver... - je suis passée d'une dizaine de centimes d'euro le mot à presque deux euros. Soit une augmentation de 200 % ! Vous le comprenez, mon budget référencement Google a commencé à devenir très important, trop important. Alors j'ai changé de tactique, j'ai trouvé un relais de croissance.
Ici, j'ouvre une parenthèse... Il ne faut pas s'endormir sur ses lauriers mais toujours se réinventer, en trouvant régulièrement, ou quand il le faut, un nouveau relais de croissance pour se développer. Toute l'histoire de la marque s'est construite sur différents relais, à chaque fois innovants, vous le verrez. Je referme cette parenthèse.

J'ai donc abandonné le référencement payant (SEA), efficace mais de plus en plus cher, et choisi le référencement naturel (SEO), gratuit, plus régulier et surtout pérenne. Mais comme je voulais toujours être positionnée tout en haut de la page des résultats quand on tape « maillot de bain », je me suis retroussé les manches : j'ai passé des nuits entières sur YouTube à visionner des tutos pour comprendre que ce type de référencement se jouait avec les balises *title*, les balises H1, la métadescription ; je ne vais pas vous faire un cours là-dessus, vous risqueriez de vous endormir, donc je vous la fais courte : tout se jouait avec la construction même du site... C'était très technique mais au final plutôt simple. J'ai aussi lu des tas de livres sur le référencement naturel, bref je suis devenue une vraie geek du SEO avec un seul but : apprivoiser les robots ! Vous allez comprendre comment en lisant l'encadré qui suit...
J'ai donc une nouvelle fois refait mon site pour être plus performante sur Google et donc mieux vendre.
Cette deuxième année a vraiment été très difficile, mais face à toutes les embûches qui se sont présentées, je n'ai pas eu d'autre choix que de travailler. Sinon, ma boîte allait sombrer. Alors j'ai énormément travaillé... et j'ai appris.
J'aurais pu adopter une autre stratégie : lever des fonds, emprunter... Souvent, c'est ce que font les gens, parce que c'est difficile d'être rentable dès le début, je vous l'ai expliqué. Mais

emprunter quand on perd de l'argent n'est vraiment pas aisé. On peut plus facilement lever des fonds, faire appel à des investisseurs, par exemple à des *business angels*, qui vont investir et se porter garants en récupérant les rênes de l'entreprise (autrement dit, une partie des parts de l'entreprise). Mais attention, cela signifie qu'ils vont avoir leur mot à dire sur chacune de vos prochaines actions. De quoi se sentir dépossédé...
J'ai préféré me débrouiller seule, ne pas emprunter davantage, ne rien devoir : j'ai donc travaillé comme une malade, déployé tous les efforts possibles, je me suis serré la ceinture... Et la deuxième année, le site a littéralement explosé : j'ai réalisé plusieurs centaines de milliers d'euros de chiffre, mais surtout, comme j'avais corrigé le tir (moins d'achats de mots-clés, montée en référencement naturel...), j'ai été hyper rentable et cette fois j'ai gagné beaucoup d'argent. La deuxième année a été la bonne !
Et ensuite ? Ensuite, le succès n'a pas faibli : la marque a connu une croissance à trois chiffres ! Et une rentabilité grandissante, grandissante...

Success is a decision.
Your decision.

Mon conseil

Référencement payant ou naturel ?

En réalité, les deux sont complémentaires.

– **Le référencement payant**, ou SEA (*Search Engine Advertising*), permet d'obtenir plus de visibilité mais nécessite de participer à un système d'enchères d'annonces (*advertising*) pour que le site apparaisse en premier des résultats quand on tape un mot-clé. Il permet une augmentation immédiate du trafic et donc des ventes ; de plus, vous avez un retour rapide sur ce qui fonctionne et sur ce qui ne fonctionne pas. C'est la technique que j'ai privilégiée au lancement.

– **Le référencement naturel**, ou SEO (*Search Engine Optimisation*), ce sont les techniques pour l'optimisation des moteurs de recherche afin d'améliorer la position d'un site sur les pages de résultats du moteur de recherche. Ainsi, le site est plus visible à la requête et donc susceptible de toucher l'internaute intéressé par le produit vendu sur le site. Mais comment se fait cette optimisation ? Un site est bien référencé lorsqu'il apparaît dans les dix premiers proposés. Pour cela, il doit correspondre aux critères de pertinence des moteurs de recherche (qualité, expertise, construction du site, etc.). Sachant que les trois premiers sites classés équivalent à 60 % des clics, ça vaut le coup d'étudier les critères et algorithmes des moteurs de recherche pour adapter en fonction son site. Une stratégie payante, surtout à long terme !

C'est donc la technique que j'ai privilégiée dès la deuxième année.

	Avantages	Inconvénients
Référencement payant	le trafic	le coût
Référencement naturel	référencement à long terme et gratuit	il faut passer du temps à débusquer les critères de positionnement des robots des moteurs de recherche et revoir son site en fonction... et être patient avant d'observer les premiers résultats

Les années glorieuses

Quand le travail paie : le début du succès

Après la deuxième année, Monpetitbikini.com a connu une ascension fulgurante : mon chiffre d'affaires est monté à 1 million, puis 1,5 million, puis 2 millions, puis plus de 2 millions, etc. Je vendais de plus en plus de marques sur mon site, de plus en plus de produits.
C'est à ce moment-là que j'ai commencé à être médiatisée. La presse s'est mise à parler de moi ; elle adorait mon projet parce que tout ça était nouveau : j'étais une femme, jeune, à la tête d'une entreprise florissante, je réussissais et je m'étais faite toute seule. J'ai ainsi eu des parutions dans beaucoup de magazines économiques : *Capital*, *Le Figaro*, *Le Monde*...
Je me suis retrouvée très jeune avec une très grosse *success story*. Je gagnais énormément d'argent, il faut bien le dire, pour une fille de mon âge.
En 2015, je me suis mariée et, avec mon mari, on avait franchement la belle vie, les années de galère semblaient très loin.
Honnêtement, tout me réussissait. Ce que je touchais se transformait en or. D'ailleurs, les banquiers étaient aux petits soins avec moi ; et en rendez-vous, ils ne me proposaient pas du café, mais du champagne !
J'ai gagné aussi beaucoup de concours de « meilleure entreprise de l'année ». Je concourais avec des sites e-commerce et,

pour l'anecdote, je suis passée devant H & M qui se présentait ! Quand je pense à cette époque, c'étaient vraiment des années incroyables, j'étais invitée partout !
En quelques années, ma marque est devenue le plus gros site de vente en ligne de maillots de bain en France, j'étais le site numéro un ! Le rêve américain... Enfin, plutôt le mien, qui venait de se réaliser, puisque, si vous vous souvenez bien, c'est ce que j'avais prédit aux banquiers : première sinon rien !
En dépit de mon succès, je n'ai jamais pris la grosse tête, je suis restée très travailleuse. Durant toutes ces années, j'arrivais à 9 heures au bureau et en repartais à 20 heures. Je dînais avec mon mari et je m'y remettais, en travaillant cette fois de la maison ; souvent, il se couchait sans moi. Parce que, malgré mon épuisement, je continuais, je luttais, comme galvanisée par mon succès. On en veut toujours plus, enfin vous, je ne sais pas, mais moi, oui ! C'est mon côté compétiteur !
Les cinq premières années peuvent se résumer ainsi : beaucoup, beaucoup, beaucoup de travail, beaucoup d'argent, beaucoup de réussite, mais encore beaucoup, beaucoup de travail. Tous les ans, je me disais : l'an prochain, ça va se calmer. Mais c'était un vrai tourbillon. Il y avait toujours de nouveaux projets et de nouvelles étapes à franchir, de nouveaux axes de développement à réaliser...

L'entreprise grossissait, les équipes aussi. Alors en 2016, j'ai acheté de beaux bureaux d'environ 200 m^2 avec ma première boutique. Mon rêve se concrétisait, et je pouvais enfin le visualiser.

Je visualise les choses et j'y crois tellement fort que j'attire ce que je veux et que mes rêves deviennent réalité. C'est un peu :* dream/plan/do *!

De e-commerçante à styliste : le jour où j'ai lancé ma propre marque

Je voulais être le supermarché du maillot : « Venez chez moi, vous allez trouver toutes les marques du monde entier ! Et même plus ! » Vous avez dit culottée ? Naaan, même pas vrai !

Je cartonnais tellement avec mon multimarque que je me suis prise au jeu : j'ai regardé ce qui se faisait dans le monde du maillot de bain, de la mode, mais aussi dans les enseignes multimarques, tous secteurs confondus.
Prenons l'exemple de Carrefour, qui devrait vous parler. Carrefour distribue toutes les marques, mais a aussi développé sa propre marque, Carrefour, pour un peu tous les produits : yaourts, lessive, textile, etc. Cette marque Carrefour, vous l'avez sûrement noté, est moins chère que les autres vendues au même rayon. J'avais étudié ce cas dans mon école de commerce et je me souvenais bien que la marque en propre, la marque Carrefour donc, marchait le mieux.
Alors au moment où Monpetitbikini marchait très bien, on peut dire « tournait à plein régime », j'ai décidé de franchir le pas et de créer ma propre marque : des maillots de bain fabriqués et estampillés monpetitbikini.com. C'était en 2015, soit cinq ans après le début de l'aventure.
Passer de grossiste à styliste ne m'a même pas fait peur ! Finalement, pour la mordue de mode que j'avais toujours été, c'était

un rêve à portée de main, une trop belle opportunité pour ne pas la saisir.

Certes, je n'avais pas suivi de formation de styliste (je n'en ai toujours pas aujourd'hui !) mais je me suis dit que j'allais apprendre sur le tas. Après tout, c'est ce que j'ai toujours fait depuis que je travaille et, avec mon site, il était incontestable que j'avais une très bonne vision du marché global et international : j'avais toutes les meilleures marques de maillot chez moi et je voyais bien ce qui marchait pas mal, ce qui cartonnait et ce qui se vendait moins bien ; quelles étaient les meilleures formes, les couleurs et imprimés qui plaisaient, les tranches de prix qui se vendaient le mieux, etc. Je savais aussi ce qui manquait, ce que les gens recherchaient et me disaient qu'ils ne trouvaient pas sur mon site, malgré les milliers de références que je proposais. Toujours être à l'écoute de ses clients...

Alors je me suis lancée. J'ai imaginé seule mes propres maillots, inspirés des best-sellers de toutes les marques. Encore aujourd'hui, je fais tout toute seule, ou presque. Je n'ai jamais copié aucune marque - d'ailleurs, les marques ont continué à travailler avec moi, parce qu'elles ont bien vu qu'il n'y avait pas de copie et qu'il y avait de la place pour elles comme pour moi.

J'ai lancé les premiers prototypes dans une usine textile que je connaissais depuis toute petite, à l'île Maurice... En effet, c'était important pour moi de fabriquer « éthiquement correct ». Les protos validés, on a lancé la production.

Ma propre marque a rencontré immédiatement un vrai succès, elle s'est placée numéro un du site en une semaine ! Ce succès, je l'explique par deux raisons :

1) j'ai une très bonne connaissance du marché, je sais ce qui marche donc je le fabrique ;

2) je sais également ce qu'il manque donc je le fabrique aussi !

C'est comme ça que la marque en propre Monpetitbikini a marché.

Maintenant, je reconnais que si ma propre marque fonctionne aussi bien - c'est toujours le cas aujourd'hui - c'est parce que j'ai commencé par vendre les marques des autres. J'ai appris avec elles, de leur succès, mais aussi de ce qui leur manquait.

Et puis j'ai suivi des études dans le milieu du luxe et de la mode. Je suis passionnée par la mode, j'aime regarder les défilés, suivre les tendances, et ça, ça me permet d'avoir un train d'avance. Je sors ainsi une collection par an, vers avril/mai. Plus tard, j'en sortirai une seconde, dite *cruise*, pour les vacances de février.

Mon conseil

Ne pas transiger sur la qualité

Quand j'ai créé ma propre marque, la qualité était l'un de mes critères non négociables pour ne pas dire le principal. J'attache aussi une grande importance à la coupe, aux détails. Mes maillots doivent flatter toutes les silhouettes et durer bien plus qu'une saison.

Et puis le fait qu'on soit vendu sur Internet demande qu'on soit irréprochable. Je n'ai pas envie d'essuyer plein de retours marchandises parce que les clientes ont été déçues en découvrant le maillot qui les faisait pourtant rêver sur le site. Nos maillots de bain sont de qualité, originaux, tendance et abordables, accessibles à toutes les morphologies, j'y mets un point d'honneur. C'est ainsi que notre bon rapport qualité/prix a fini de parfaire notre succès...

Mon idée de génie : le tanga

L'idée qui a fait une grosse différence aussi, c'est que je n'ai pas hésité à m'inspirer de la lingerie. Par exemple, je ne trouvais pas de maillot de bain shorty, confortable, ou de tanga (entre la culotte et le string), pourtant idéal pour mettre en valeur les fesses. Je l'avais signalé aux marques présentes sur mon site, parce que les clientes me les demandaient, mais elles étaient frileuses. Alors j'ai lancé avec ma marque Monpetitbikini ces modèles que personne n'osait développer en maillot. Bingo ! Les tangas se sont placés tout de suite en numéro un des ventes, et c'est toujours le cas aujourd'hui.

Toujours écouter ses clientes… et mon intuition encore !

Et, un jour, le marché a changé...

Alors que j'avais le vent en poupe, que j'étais à flot, j'ai senti le vent tourner.
Quand je me suis lancée, vous vous souvenez, j'avais ouvert le marché du maillot de bain en ligne en France, j'étais tout seule. Mais, en quelques années, je ne l'étais plus ! J'avais créé Monpetitbikini parce que la vente de maillots toute l'année n'existait pas. Entre-temps, des sites concurrents étaient apparus : certains m'avaient copiée, jusqu'à la présentation copiée-collée de mon site.
Et puis toutes les marques que je distribuais ont commencé, elles aussi, à avoir leur propre site e-commerce. Je ne pouvais pas leur en vouloir, tout le monde à l'époque montait son site e-commerce. Enfin, les grands groupes se sont mis sur le marché du maillot de bain en ligne : H & M, Asos, Shein... C'était également le début de la *fast fashion*, avec des sites vendant pléthore de maillots à 7 euros, d'une qualité, vous pouvez l'imaginer, discutable...
J'ai donc dû partager mon gâteau et mon empire avec les nouveaux venus. Jusqu'ici, j'avais été pionnière, en avance, la première à vendre des maillots en ligne. Le marché m'a rattrapée et il montrait les premiers signes d'une saturation.
Et même si je faisais tout autant de volume, le coût d'acquisition des clientes était devenu beaucoup plus cher. Pendant des années, si une personne tapait « maillot de bain », elle tombait

obligatoirement sur mon site. Depuis peu, il se retrouvait perdu au milieu de toutes les nouvelles marques ! Je gardais néanmoins un avantage : celui d'avoir ma propre marque, vendue uniquement sur mon site...

Je préfère être lanceuse que suiveuse. L'important, c'est de toujours avoir un train d'avance.

S'est posée à nouveau la question de la rentabilité, d'une part parce que les coûts marketing augmentaient ; d'autre part parce que même si je ne souhaitais pas rivaliser avec les sites *fast fashion*, mes concurrents et moi, nous commencions à nous battre pour récupérer le marché à coups d'un euro en moins par-ci, par-là : une fois, c'est moi qui baissais le prix de mes maillots ; l'autre fois, c'étaient eux. Une fois, j'offrais les frais de port, l'autre fois, eux offraient une remise, etc.
À force, la rentabilité en a pris un coup, on peut même dire un vrai coût. J'ai dû me réinventer, repenser mon business, rebooter la machine. C'est là que les réseaux sociaux ont fait leur entrée fracassante...

Mon conseil

La concurrence : stimulante

Quand on se lance dans l'entreprenariat, la concurrence est quelque chose qui fait très peur ; on redoute par-dessus tout que notre idée ou notre concept soit volé. Si en plus, on est copié-collé, forcément, ça énerve, alors on attaque en justice. J'ai mis longtemps à comprendre que je perdais plus d'énergie à intenter des procès à ceux qui m'avaient copiée qu'à faire avancer mon propre business. Sans compter que lorsque l'on monte un dossier juridique pour apporter des preuves à l'appui, qu'on regarde ce que font les autres, qu'on les épie, c'est finalement beaucoup de mauvaise énergie que l'on déploie, et ces mauvaises ondes tuent quelque peu notre créativité.
Mon premier réflexe maintenant, quand je lance une nouveauté, c'est de regarder si la concurrence ne fait pas pareil. J'aime mieux lancer que suivre, être la première et avancer, loin devant les autres ! En cela, la concurrence est très bénéfique, elle est stimulante et pousse à être meilleur. Après, si je suis copiée, cela signifie que je suis bonne dans mon job… Les copieurs auront toujours un train de retard ! Il y aura toujours des concurrents, et ça renforce l'émulation !

La vie est devant,
toujours devant.
Il suffit d'y croire
pour tout changer
et se réinventer.

Et Instagram créa Audrey, la *girlboss*

Première cocréation sur Instagram…

C'était le plein boom des réseaux sociaux, et Instagram, lancé en 2010 sur le mobile, remportait depuis peu beaucoup de succès. Les influenceurs n'existaient pas encore, ou à peine, c'était l'époque des blogs, nés dans les années 2000.

Je pense que Monpetitbikini.com a été l'une des marques pionnières à comprendre les réseaux… Et à y aller, dès 2015. Voilà comment s'est fait le *reboot* de l'entreprise : avec la naissance du compte @Monpetitbikini. Et il a été très vite suivi d'un autre *reboot*…

En 2017, là encore, la marque a innové : j'ai lancé la première collaboration, une collection en cocréation avec une blogueuse, Noholita (Camille Callen de son vrai nom) que j'ai rencontrée l'année précédente et avec qui je suis devenue amie.

Cette collaboration Noholita et Monpetitbikini était totalement inédite, dans le maillot de bain mais aussi ailleurs. Aujourd'hui, tout le monde fait des collaborations, y compris dans le luxe, avec des influenceurs. Mais en 2017, personne ne l'avait encore jamais fait.

Cette collaboration a marché du feu de Dieu. J'avoue que l'on ne s'attendait pas à un tel succès ! Alors qu'on pensait créer quatre modèles de maillot, au final, grisées, on en a fait quinze ! Après la fabrication, on a filmé les coulisses du shooting réalisé aux Maldives (on avait fait les choses bien !) et posté le lancement en *live* sur nos comptes Instagram respectifs : notre duo avec Noholita, le voyage de rêve, la plage, la collection... Sur Instagram, nous montrions un petit paradis, on faisait littéralement rêver.

Avec le recul, je me rends compte que Monpetitbikini a toujours eu une longueur d'avance : pionnier sur le site de vente en ligne, pionnier sur les réseaux, et pionnier sur les collaborations.

Avec cette collaboration Noholita x Monpetitbikini, j'ai trouvé un nouveau créneau de croissance sur un marché pourtant saturé. Et en même temps, les gens commençaient à s'intéresser à mon histoire, au fait que j'étais une entrepreneuse, une *girlboss*, un modèle féminin *successfull.*

La communauté de Monpetitbikini

Un entrepreneur doit sentir où va le vent. Les réseaux sociaux sont un marqueur, utilisez-les au bon moment.

Les réseaux sociaux jouent un grand rôle au sein de la marque Monpetitbikini : grâce à eux, on continue de raconter une histoire - à la différence de la *fast fashion*. Les personnes qui nous suivent sentent l'humain derrière la marque. Elles nous voient tous les jours, nous et notre quotidien d'entreprise. S'établissent ainsi une fidélisation, mais aussi un rapport de confiance. Si bien que, en cas de question, de problème, les personnes m'écrivent... Et je leur réponds. Je ne suis pas un SAV anonyme, comme il en existe pour toutes les marques, je suis une personne bien réelle.

Le bouche-à-oreille sur les réseaux fonctionne bien aussi : des clientes postent des photos d'elles en maillot Monpetitbikini qu'elles taguent, créant ainsi une communauté chaque jour de plus en plus importante.

Enfin, comme on le fait avec une amie, nous partageons sur notre compte la confection d'une collection, les prototypes, nous demandons à notre communauté le motif ou la couleur qu'elle préfère entre plusieurs modèles avant de faire fabriquer... Nos clientes se sentent partie prenante, elles sont dans l'aventure de Monpetitbikini, avec nous !

... Et mes débuts d'influenceuse

C'est avec cette collaboration que je suis devenue influenceuse et que les gens ont commencé à me suivre ! Car, après avoir créé le compte de ma marque, j'ai créé le mien. Pourtant, au début je ne voulais pas me créer un compte. Je détestais qu'on me prenne en photo, je refusais même les portraits pour mes parutions dans la presse, alors poster des photos de moi, me mettre en avant, c'était inimaginable ! Sur mon compte, je mettais des photos de mon orchidée, de mon chat, de ma déco, de mes chaussures à talons (ma passion !), mais pas de moi ! Je me moquais même de toutes ces filles qui se prenaient en photos. Je ne comprenais pas : se prendre en photo, c'est donc un métier ?! Il y avait un côté « sûr de soi » qui me gênait profondément...
Mais dans le même temps, je commençais à m'habituer à l'idée d'être exposée – à l'époque dans *Capital*, mais aussi sur M6 qui m'avait suivie pendant un ou deux mois, et puis mon parcours de jeune femme entrepreneuse qui réussissait dans l'e-commerce donnait lieu à pas mal d'articles. Mon équipe me disait aussi qu'il fallait que je m'y mette. Que je filme pour créer du contenu pour le compte de la marque, mais aussi pour le mien, car les deux allaient ensemble ; on avait remarqué que les statistiques augmentaient dès qu'il y avait un côté humain derrière la marque, dès qu'elle était incarnée. On n'est jamais mieux servi que par soi-même. Ça, je l'ai vérifié, car tout de suite, il y a eu un

Ce n'est pas parce qu'on n'y connaît rien dans un domaine qu'on ne peut pas se lancer dedans, tout s'apprend. À force, on devient meilleur.

vrai engouement sur mon compte personnel : j'ai pris une centaine d'abonnés par jour puis j'ai passé la barre des 30 000, puis 50 000, etc. Tout est allé très vite.
Aujourd'hui, mon compte perso est plus suivi encore que celui de Monpetitbikini ! Je poste du contenu *girlboss*, mais aussi mes looks, mes voyages, mes derniers achats, les choses qui m'inspirent, bref, tout ce qui fait mon quotidien, ma vie privée, avec ou sans filtre !
Là aussi, comme pour Monpetitbikini, j'ai appris sur le tas, en observant le système, les comptes des influenceurs, leurs photos, leurs légendes, bref ce qui se faisait, ce qui marchait ; j'ai fait une analyse du marché ! Parce que, à la base, je n'avais pas de passion particulière pour la photo ou la vidéo, comme c'est souvent le cas pour les influenceuses. Je ne savais pas vraiment prendre de photos, d'ailleurs les premières que j'ai postées n'étaient pas géniales, mais j'ai appris petit à petit et je me suis améliorée. Ma communauté bienveillante m'a portée.

Moralité : nul besoin d'être mannequin pour devenir influenceuse ! Mon côté girl next door *et les valeurs que je véhiculais sur mon compte ont fait le reste…*

Mener une entreprise et un projet d'enfant : compatible ?

Depuis quelque temps, je me disais que j'aimerais bien devenir maman... Une pensée qui aurait dû être douce, mais qui, pour moi, était aussi angoissante. D'un côté, c'était le bon moment : j'étais mariée, on était très heureux avec mon mari, je ne pouvais pas rêver mieux comme père, c'est avec lui que je voulais fonder une famille. Et puis on avait une maison, donc côté perso, tout était aligné. Mais de l'autre côté, dans mon emploi du temps survolté, je ne trouvais pas le temps, je me répétais chaque mois que ce n'était pas le « bon » moment. Comment allais-je faire si je tombais enceinte ? Je n'aurais pas le temps de m'arrêter !
J'ai tout de même fini par arrêter la contraception. J'ai mis un peu de temps à tomber enceinte et quand enfin c'est arrivé, ma grossesse s'est déroulée à un moment qui aurait pu franchement mieux tomber : j'ai accouché en mai, c'est-à-dire en plein dans la saison des maillots, donc impossible de prendre un congé maternité, même pas en rêve ! J'ai donc travaillé jusqu'au bout ! Pour vous dire, la veille de mon accouchement, je montais une boutique au centre commercial Polygone, dans le Sud. Je sentais bien que j'allais accoucher parce que toute la journée et jusqu'en soirée, je montais sur une échelle et en redescendais pour accrocher mes maillots, la déco... Et le lendemain, j'ai effectivement commencé à avoir des contractions, une semaine avant le terme.

C'est ça aussi, être chef d'entreprise : on ne peut tout simplement pas quitter sa boîte ! En tant que salariée de mon entreprise, j'avais bien droit à un congé, mais cette année-là, j'ai ouvert au moins cinq boutiques, des *pop-up* qu'on ouvrait quelques mois un peu partout en France (voir page suivante), le temps de la saison du maillot. J'aurais accouché en septembre, cela aurait été une autre histoire, j'aurais pu me poser quelques mois avec mon bébé. Bon, maintenant, je le sais, il faut essayer d'organiser sa grossesse quand on est entrepreneuse !
Petite anecdote : à un moment de ma grossesse, j'ai dû être alitée. J'ai donc installé un lit médicalisé, pris en charge par la Sécurité sociale, pour pouvoir continuer de travailler au bureau. Le télétravail n'existait pas encore... Aujourd'hui, je pourrais travailler de chez moi, sans aucun souci, mais pas sept jours sur sept : quand on est chef d'entreprise, on doit donner de l'énergie à sa *team*, lui indiquer des directions et ça, ça ne se fait pas aussi bien à distance. Les petites conversations autour d'un café, pour parler d'un dossier par exemple, nourrissent la vie d'entreprise.

Mon conseil

Le *pop-up store*, ou comment renforcer l'identité d'une marque

Ma marque étant vendue à la base uniquement sur le site, le *pop-up* est une bonne stratégie pour :
– faire connaître la marque, la matérialiser par une boutique, lui donner une identité ;
– toucher une autre clientèle qui n'est pas sur les réseaux ou n'a pas l'habitude des achats en ligne ;
– créer un merchandising : en installant une boutique le temps de quelques semaines ou mois, on crée un univers qui représente la marque, grâce à la décoration (formes, codes couleurs, mobilier, esprit, parfum…) ;
– on rencontre « IRL » (*in real life*) les clients…, mais aussi les followers ! On sort tout simplement du virtuel pour devenir physique.
En résumé, le *pop-up store*, c'est un gros coup de com' !

Chef d'entreprise et maman, ou comment tout concilier

Avez-vous remarqué qu'on demande rarement à un homme qui réussit comment il fait pour tout gérer, travail et enfants ? Le jour où l'on arrêtera de le demander à une *girlboss*, on s'approchera de l'égalité !

On me demande souvent : « Mais comment tu fais ? »
Comme toutes les mamans, je fais. On ne le dit pas assez, mais quand on devient maman, on est obligée d'être hyper organisée, dans sa vie perso comme dans sa vie pro. Alors quand on est au travail, on ne perd pas une minute, on est hyper efficace... de façon à rentrer suffisamment tôt chez soi pour profiter de sa vie de famille. Et puis avoir un enfant est la meilleure formation pour savoir gérer les situations de crise !
J'ai accouché un mardi de mon fils, suis sortie de la maternité le vendredi et ai repris le travail... le lundi. Voilà comment ça se passait : mon mari essayait de garder notre fils l'après-midi, moi le matin ; je me rendais au bureau deux ou trois heures avec le petit. Je lui avais accroché une sorte de nacelle suspendue, juste à côté de mon bureau ; et quand j'étais en réunion, les filles le berçaient à tour de rôle. Finalement, on a créé une mini-pouponnière pour que je garde mon bébé avec moi, un peu comme le faisaient les femmes avant, lorsqu'elles travaillaient aux champs avec leur bébé porté dans le dos.

Avec cette organisation, je n'étais pas frustrée, j'avais mon bébé à côté de moi et un bébé, ça dort beaucoup les premiers mois ! Bien sûr, mon temps de travail n'était plus le même avec les pauses biberon, changement de couches, etc. Mais cela me permettait de venir au bureau, de faire passer les instructions principales, de gérer les urgences.

On a fonctionné ainsi jusqu'à ce que notre fils obtienne une place en crèche, vers l'âge de six mois. Et quoi qu'il arrive, pas de réunion en fin d'après-midi, j'allais le chercher tous les soirs. Je reviendrai plus loin sur cette époque tout de même compliquée, où j'étais sans cesse tiraillée entre mon travail et mon fils.

Maintenant qu'il est à l'école maternelle, je l'y accompagne tous les matins et vais le chercher tous les soirs, je n'ai pas de nounou. M'occuper de mon fils est une chose que je ne veux pas déléguer ! J'ai en effet complètement réorganisé mes journées pour être disponible pour mon fils, mais ça ne s'est pas fait du jour au lendemain, tout ça m'a pris du temps. Je ne fais partie d'aucun club, ne vais pas à des soirées de boulot, parce que je veux être présente tous les soirs pour mon fils. D'ailleurs, je n'ai pas de baby-sitter.

Comment je fais ? Très simplement : je délègue, encore plus qu'avant (voir page 117). Et je suis la reine du planning ! Journée par journée, heure par heure, j'ai un planning auquel je me tiens

le plus possible. Mon équipe connaît les plages horaires où je suis disponible pour échanger comme celles où je suis en mode concentration, stratégie… et celles où je suis avec mon fils, donc aux abonnés absents ! Avoir une vision claire de ma semaine, durant laquelle je me fixe généralement deux ou trois grandes missions qui seront mes priorités, me permet de m'organiser, de planifier mes rendez-vous pour le boulot mais aussi mes sorties, avec mon fils ou mes amis !
À noter que je ne prévois jamais plus d'une réunion ou d'un rendez-vous par jour, sinon, c'est bien simple, je n'arrive pas à travailler sur mes projets ; en étant tout le temps en réunion, on n'avance pas !

Mon conseil

Déjeuner et rendez-vous pro

Je n'accepte jamais de déjeuner avec quelqu'un, ou alors très rarement, car cela me coupe dans mon élan de la journée et je travaille moins bien l'après-midi. Il faut vraiment que le déjeuner soit indispensable (ou que je sois dans une période de faible activité).

Je privilégie le relationnel et les déjeuners lorsque je suis en déplacement à Paris.

Là aussi, j'avais l'habitude de venir très souvent à Paris pour l'influence, pour mes business, pour rencontrer des fournisseurs, des investisseurs, des entrepreneurs, etc. À présent, j'essaie de venir plus rarement car ces allers-retours à la capitale sont très énergivores et me font prendre du retard dans mon travail. Quand je rentre, je suis épuisée et j'ai perdu mon rythme : je mange mal, je ne vais plus au sport...

Être entrepreneur, c'est comme être sportif de haut niveau, il faut avoir une bonne hygiène de vie, encore plus en vieillissant !

Revoir ses priorités : une question d'organisation

Si on ne se dégage pas du temps pour nous-même, pour ce qui nous semble prioritaire, personne ne va le faire à notre place. À nous de créer la vie que nous voulons.

En devenant maman, mes priorités ont changé. Et, en tant que chef d'entreprise, j'ai l'avantage de pouvoir m'organiser comme je l'entends. Par exemple, si mon fils est malade, je travaille de la maison… Ou je prends un jour de congé pour m'occuper de lui. Ça se fait naturellement.

Je pense que j'ai gardé une certaine frustration de cette période qui a suivi sa naissance, où je n'ai pas bénéficié d'un congé maternité. Ça a été très difficile pour moi, car je n'ai pas eu ce temps privilégié pour nous deux, où l'on apprend à se connaître, où l'on est un peu dans notre bulle, comme dans un cocon, et où l'on ne fait rien d'autre que d'être avec son petit… Je reste frustrée aussi de ces jours où j'ai dû me priver de mon fils, le déposer très tôt à la crèche pour aller travailler. J'envie énormément les mamans qui ont un congé maternité. Aujourd'hui, je ne ferais plus comme ça. Alors depuis, je me rattrape, je passe un maximum de temps avec lui !

Et comme je me suis séparée de mon mari, la semaine où mon fils est chez son père, j'en profite pour sortir. Mais une semaine sur deux, mon temps, c'est à cent pour cent pour Pablo !

C'est drôle, je suis à contre-pied du modèle de la femme entrepreneuse qui bosse non-stop, emploie une nounou qui « gère » ses enfants qu'elle croise à peine le soir en rentrant. Je fais tout l'inverse :

Ce n'est pas moi qui m'adapte à mon entreprise, c'est mon entreprise qui s'adapte à mon emploi du temps de maman. Et ça change tout !

Mon conseil

Plus de temps pour moi et mon enfant

Longtemps, on nous a répété, surtout depuis l'avènement de la femme entrepreneuse, qu'il ne servait à rien de culpabiliser de voir peu ses enfants, l'essentiel étant de passer du temps de qualité avec eux, la qualité primant sur la quantité.
Je l'ai fait pendant les premières années de mon fils et j'ai bien remarqué que je me sens beaucoup mieux depuis que je lui accorde plus de temps, et il me le rend bien.
Quand je suis avec lui, je suis vraiment avec lui : je me déconnecte du travail, de mon téléphone, je suis présente à deux cents pour cent. Et quand il me raconte son *crush* du moment, je trouve ça mille fois plus intéressant que ma dernière notification !

Une journée type : allez, je vous emmène !

J'ai beaucoup travaillé sur mon organisation et beaucoup délégué pour en arriver à cet emploi du temps, qui est à peu près le même tous les jours – j'essaie de garder ce rythme même quand je n'ai pas Pablo. Vous validez ?

7:30	Je me réveille. Je prends un thé, j'enfile un survêt', je prépare le petit déjeuner de Pablo et je fais en sorte qu'il soit prêt pour l'école.
8:25	Je dépose Pablo à l'école.
9:00-10:00	Sport (boxe ou sport en salle)
10:00-12:00	Je traite mes mails et mes urgences. Je crée aussi du contenu pour mon activité d'influenceuse.
12:00-14:00	Je déjeune, je me prépare et je file au bureau !
14:00-17:30	*Office Work* : j'enchaîne réunions, *calls*, travail sur mes collections Monpetitbikini, suivi de prod.
17:30	Fin de ma journée de travail, je pars du bureau pour récupérer Pablo à l'école.
18:00-21:00	Bain, dîner et partage de moments privilégiés avec lui.
21:00-24:00	Je regarde un film sur Netflix en sirotant un thé. Ou je fais un tirage de cartes. J'essaie de ne plus toucher à mon téléphone et je finis ma journée en lisant un peu avant de me coucher.

Les semaines où Pablo est chez son père, c'est à peu près le même scénario, sauf que je reste un peu plus tard au bureau et que je sors ensuite avec mes amis.
J'en profite pour prendre des rendez-vous avec moi-même dédiés à mon bien-être : séance de sport, massage, soin, etc. Ces rendez-vous sont indéboulonnables. Enfin, je m'autorise une sortie au resto de temps en temps, pour faire la fête et bien décompresser : je ne sors pas souvent mais quand je sors, je sors ! J'ai besoin de m'amuser et, dans ces moments-là, je ne parle jamais de travail ! Il faut savoir couper.

Mon conseil

Un réveil naturel sinon rien

Petite astuce que je fais depuis des années maintenant : je ne mets JAMAIS de réveil. Je laisse mon corps se réveiller quand il le souhaite, quand il a récupéré. J'écoute les besoins de mon corps. C'est pour moi une astuce essentielle pour être en forme. Bon, ce n'est pas tout à fait vrai : je mets le réveil quand je dois emmener Pablo à l'école, sinon, il serait souvent en retard ! Mais quand je ne l'ai pas avec moi, je ne programme pas mon réveil.

La clé de ma réussite ? Déléguer !

Nous y voilà. C'est l'une des questions, sinon LA question, que l'on me pose tout le temps, en interview ou sur Instagram, et encore plus depuis que je suis maman : « Comment tu as fait pour réussir ? » Ou bien, comme je le disais : « Mais comment tu fais pour tout gérer ? »
Je ne le répéterai jamais assez : il faut prendre des risques et surtout, surtout, apprendre à déléguer. Je le faisais déjà, mais aujourd'hui, je suis passée à l'étape ultime !
C'est finalement très simple et se résume en une phrase : je pars du principe qu'il existe plein de gens brillants et que je ne suis pas forcément la plus brillante dans tous les domaines. Ainsi, mes collaborateurs sont beaucoup plus forts que moi sur des tas de sujets. On n'a pas toutes les casquettes, et c'est normal ! Alors, autant laisser faire ceux qui sont meilleurs que nous dans les domaines où ils excellent, et les remercier !
Et pour déléguer, la clé, c'est de faire confiance à son équipe. Désolée de vous le dire, mais vous n'êtes pas irremplaçable. Mieux : tous ensemble, on est meilleurs. Une fois qu'on a bien formé son équipe, qu'on l'a bien briefée, on lui donne de plus en plus d'autonomie, de responsabilités pour accroître ses compétences... et, le plus difficile : on lâche prise ! À chacun sa mission !
En somme, il s'agit de responsabiliser, petit à petit, de confier des tâches plus importantes au fur et à mesure. Et le résultat est

La motivation et l'énergie doivent être données d'en haut pour rayonner jusqu'en bas. Mon job, c'est aussi de valoriser mes salariés, de mettre en avant leurs points forts et d'améliorer leurs points faibles.

magique : les salariés se sentent bien, parce qu'ils se sentent compétents, reconnus à leur juste valeur. Ils n'ont pas de frustration et prennent de plus en plus d'initiatives, trouvent eux-mêmes les solutions à leurs problèmes.

Mes salariés, je crois en eux, je leur confie une totale responsabilité : je les laisse se débrouiller et leur rappelle que c'est leur travail, pas le mien, de faire ce qu'ils ont à faire. Par exemple, je ne leur demande jamais de me mettre en copie, j'interviens uniquement en cas de problème. Et s'il le faut, je recadre, toujours avec compréhension et bienveillance, toujours en interne ; vis-à-vis de l'extérieur, j'offre un soutien sans faille à mon équipe.

Je suis également super flexible sur les horaires : si quelqu'un a un rendez-vous, par exemple avec un électricien le matin chez lui, pas de souci, il arrive plus tard, quand il peut. Et personne n'a jamais abusé, c'est une histoire de confiance.

Intuition et management participatif

Je recrute souvent des personnes avec qui j'ai déjà travaillé (stagiaires, CDD) ou que j'ai rencontrées professionnellement, par mon réseau, et avec qui ça a matché. Quand un poste se libère chez Monpetitbikini, les gens en interne sont prioritaires.

Quand je recrute, j'ai un critère essentiel : la personne doit partager les mêmes valeurs que moi, c'est très important. Elle doit s'intégrer facilement au sein de l'équipe, avoir notre culture d'entreprise, je ne veux pas d'un mouton noir !

Et, comme toujours, je fais confiance à mon intuition. Je sens des choses, j'écoute ce que l'on me confie... Alors que ce soit pour la création de ma collection, pour la stratégie de Monpetitbikini, pour le recrutement des salariés, j'écoute ma petite voix intérieure et je la privilégie toujours à mon mental. Les entretiens, j'aime les mener au *feeling*, au coup de cœur.

Chez Monpetitbikini, il y a très peu de rotations salariales. La dernière salariée qui est partie, c'est parce qu'elle a choisi de devenir institutrice ; et celle d'avant, parce qu'elle a rejoint une banque et encore une autre parce qu'elle est devenue diététicienne : elles ont toutes fait un changement de parcours. Mais personne n'est parti à la concurrence ! Les salariés de ma marque restent, tout simplement parce qu'ils n'ont pas l'occasion de s'ennuyer au sein de la structure : comme je délègue de plus en plus, ils prennent de plus en plus de responsabilités et leur poste évolue avec eux.

Je ne suis pas pour presser les gens comme des citrons.

Cette ambiance très humaine au travail est assez différente de celle des autres entreprises. J'ai oublié de dire qu'il n'y a pas de hiérarchie dans la société, ou alors une hiérarchie horizontale : tout le monde participe à toutes les décisions. On va tous dans la même direction, celle que j'ai donnée, que j'impulse. Au fond, je suis le Didier Deschamps de l'équipe de Monpetitbikini.com : à moi de la sélectionner, de la motiver, de la coacher, de la faire aller toujours plus loin !

Mon conseil

Manager en distanciel

Avec la crise sanitaire, il n'y avait pas d'autre possibilité que de travailler chacun de chez soi. Alors, très vite, j'ai instauré un point équipe par semaine pour centraliser les questions et éviter les demandes incessantes par mail. C'était aussi une façon d'entretenir l'esprit d'équipe. J'avais aussi un point régulier avec chaque salarié sur ses tâches, mais aussi pour prendre de ses nouvelles.

Le télétravail, pourquoi pas, mais pas à 100 %, nous avons trop besoin les uns des autres.

Les années noires

Je suis maudite avec les webmasters ou quoi ?

Alors que les soucis de rentabilité et de concurrence s'évanouissaient, ou plutôt que nous les avions surmontés et que nous gardions une bonne longueur d'avance, surtout avec notre marque en propre qui cartonnait, en 2019, j'ai décidé de refaire le site : on connaissait tellement de succès, la marque faisait plusieurs millions de chiffre d'affaires (parfois jusqu'à 100 000 euros pour une seule journée, donc des milliers de clients qui se connectaient au même moment), on avait tellement de connexions à chaque lancement de nos collections et tellement de volumes de commandes à gérer par la suite que je craignais que le site ne soit plus à la hauteur, qu'il bugge comme il l'avait déjà fait. Il devait grandir avec la marque, la propulser, pas la freiner. Il fallait donc lui ajouter des nouvelles fonctionnalités, plus modernes, plus rapides. Une décision néanmoins à peser car périlleuse : le site est arrêté le temps de sa mise à jour ou, au mieux, fonctionne au ralenti ; et il y a un risque de perte de référencement, notre atout majeur. Mais jamais, ô jamais, je n'aurais pu imaginer que ce serait aussi périlleux...

Car là encore, ça se passe mal avec la société mandatée : après des mois de retard, le site enfin livré rencontre bug technique sur bug technique. Notamment dès qu'il y a trop de clients en même temps ! Ces derniers ne pouvaient pas finaliser leur commande tellement tout prenait un temps infini. Puis du jour au lende-

main, notre site n'a plus fonctionné ! J'ai donc perdu beaucoup de chiffre d'affaires, de ventes et de clients potentiels. J'ai dû faire appel urgemment à un nouveau prestataire pour réparer un site flambant neuf mais défectueux, autrement dit payer une deuxième fois : après avoir déboursé pas moins de 50 000 euros pour le « nouveau » site, j'ai dû lâcher 50 000 pour le second, qui a été entièrement refait. Et là encore, le temps que ce deuxième site voie le jour, j'ai fonctionné avec un site pourri, qui s'est même fait pirater à plusieurs reprises. Et pendant tout ce temps-là, mes ventes ont chuté.
Même si j'ai porté plainte, je n'ai, au jour où j'écris ces lignes, toujours pas récupéré l'argent du manque à gagner du premier site défectueux (entre un et deux millions) ni des dommages pour le préjudice subi. Trois ans plus tard, le procès a enfin eu lieu, j'attends la décision. J'aurais eu 1 000 fois l'occasion de couler si je n'avais pas eu les reins solides...
Autre conséquence désastreuse : avec tous ces bugs techniques, la lenteur des fonctionnalités, la mauvaise construction du site, j'ai été déclassée par Google sur son moteur de recherche. Vous vous rappelez ? Et là, je ne figurais tout simplement plus dans le référencement naturel... que j'avais construit nuit après nuit !
Si tout ça n'était pas la faute de Monpetitbikini, ça a été à nous de nous débrouiller. Alors je n'ai pas eu le choix : retour à la case

départ, c'est-à-dire au référencement payant (SEA, voir page 80), le temps de tout reconstruire. Mais entre-temps, le clic « maillot de bain » avait très largement augmenté !
Une fois encore, mon relais de croissance a été les réseaux sociaux. Le monde virtuel ! Parce que le monde physique allait devenir quelques mois plus tard très compliqué...

Même après un événement qui vous semble catastrophique, il est nécessaire de lâcher prise et d'avancer. Plus vous résistez face à la situation, plus vous souffrez. Acceptez ce qui vous arrive, tirez-en les conclusions, et rebondissez de plus belle !

Après la collaboration, la création de la marque NHLT Paris

Avec Camille Callen de @Noholita, nous ne nous sommes pas arrêtées à la première collaboration, nous avons continué et lancé régulièrement des nouveautés... Cela faisait déjà trois ans que nous créions ensemble une collection de maillots de bain dont le succès ne déméritait pas : le jour du lancement de chaque collection, les maillots partaient en une heure ! C'est donc tout naturellement que Camille m'a proposé en septembre 2019 de nous associer pour créer une marque de prêt-à-porter (en plus des maillots de bain), responsable et tendance. Nous étions devenues très amies, toutes deux dingues de mode et très complémentaires, le projet nous excitait ! Et le timing était le bon.
Je m'étais consacrée à Monpetitbikini à deux mille pour cent, jour et nuit, les premières années. Maintenant que j'étais devenue une entrepreneuse aguerrie, que j'étais habituée au fonctionnement du business, j'allais bien plus vite et pouvais de ce fait en gérer plusieurs à la fois. Ce nouveau projet entrepreneurial allait me permettre de me développer sur le marché du prêt-à-porter, ce que je n'avais pas fait jusqu'à présent, et donc d'ajouter une nouvelle corde à mon arc. J'avais les moyens techniques et la connaissance du monde de l'entreprise ; Camille était influenceuse mode, l'association semblait idéale, il n'y avait plus à hésiter !

Nous avons choisi des matières en coton organique ou en textile recyclé. Puis nous avons fait fabriquer nos modèles d'abord dans la même usine que Monpetitbikini, pour partager la masse salariale et gagner du temps, puis au Portugal en petites séries pour éviter la surproduction. Après les maillots de bain sexy, nous avons créé une ligne de basiques mode : une chemise blanche, une petite jupe noire, un jogging confortable... Nous avons imaginé des pièces originales bien qu'intemporelles dans toutes les tailles pour rendre les femmes plus fortes, plus confiantes en elles.
La marque NHLT Paris a été lancée le 24 février 2020. Cette année vous dit quelque chose ? Nous allons revenir juste après à « l'autre » événement qui a marqué la planète à cette époque... Mais vous l'avez déjà deviné, la période était mal choisie et le lancement a été difficile. Pourtant, notre marque a rencontré un succès certain dès la première année : nous avons tout vendu et, dès lors, ce sont plusieurs collections qui ont vu le jour chaque année. Je m'occupais plus particulièrement des maillots de bain, Camille du prêt-à-porter.

La crise du Covid : le temps des sacrifices

Quand on gère une entreprise, même et surtout si elle marche bien, il faut savoir se remettre en question en permanence, anticiper les changements à venir... Il y a finalement un challenge quotidien pour ne pas se laisser dépasser, pour avoir toujours un train d'avance, pour rebondir et, au bout du compte, grandir de chaque échec. Ou de chaque imprévu... comme avec le Covid qui a surpris tout le monde !
Comme s'il n'y avait pas déjà assez de problèmes comme ça, arrive donc, en 2020, la crise sanitaire. Une véritable catastrophe pour Monpetitbikini, car, avec le confinement décrété, il est désormais impossible de voyager, ce qui signe la cessation des achats de maillots de bain.
De toute façon, je ne suis plus en mesure d'assurer la production. En effet, mes maillots sont confectionnés depuis toujours à l'île Maurice. Or le confinement sur l'île est très strict : l'usine ferme ses portes du jour au lendemain, et pendant très longtemps, bien plus que chez nous. Donc il n'y a plus de production, plus de maillots, plus de réassort, plus de ventes... Les transports eux aussi sont à l'arrêt. Un coup très, très dur pour la marque, et pour moi.
Malgré ça, je ne renonce pas à mes valeurs, mon engagement de fabriquer éthique, avec du tissu recyclé, dans une entreprise que je connais depuis que je suis toute petite, qui a des conditions de

travail justes et à laquelle je suis fidèle depuis le début. Et tant pis si cet arrêt de fabrication dure deux ans ! Je fais le choix du cœur, même s'il signe une véritable descente aux enfers pour moi.
Seule la marque NHLT Paris connaît durant cette période une forte croissance, 100 % par an. Chaque collection s'envole en quelques heures. Il est vrai que la fabrication étant localisée au Portugal, il est moins compliqué de la poursuivre et de l'acheminer : j'ai donc priorisé les productions NHLT au détriment de Monpetitbikini (je suis même allée jusqu'à donner une collection Monpetitbikini à NHLT qui n'avait rien reçu alors que la saison était lancée...).
Les mois s'écoulent, et les confinements se succèdent...

Monpetitbikini : *what else ?*

Et puis un jour de 2020, j'ai décidé que j'allais arrêter le multi-marque, ne vendre plus que ma marque en propre. C'était devenu trop concurrentiel et surtout, ça ne me faisait plus fantasmer. Je m'éclatais beaucoup plus avec mes propres créations et ma marque en propre. Je n'avais plus envie de revendre d'autres marques sur mon site. Je voulais que ce dernier soit à mon image, complètement mon univers.

Ce fut néanmoins un petit déchirement au cœur et surtout, une grosse prise de risque, un virage à 180 degrés ! Je suis une fois de plus repartie de zéro, avec une dégringolade - passagère - du chiffre d'affaires.

Alors que le confinement a pris fin chez nous, que les frontières rouvrent, que les gens repartent en vacances, souvent à la dernière minute, nous n'avons toujours pas notre collection ! Notre usine est toujours à l'arrêt. Après le bug de notre site, deux années de pandémie, deux années sans production, deux années blanches, sans bénéfices, nous vivons un cauchemar.

Je décide de mettre mon entreprise en sauvegarde afin qu'elle ne coule pas, c'est-à-dire que les dettes sont gelées en attendant l'éclaircie : je ne rembourse plus rien pour l'entreprise, je la mets en pause. Je peux ainsi poursuivre mon activité économique et maintenir l'emploi de mes salariés.

Mon conseil

La sauvegarde : une solution pour ne pas mettre les clés sous la porte

Pour cela, je déclare cesser les paiements auprès du tribunal de commerce car ma trésorerie ne suffit plus. Après observation, le tribunal rend son avis pour un plan financier de sauvegarde sous contrôle d'un administrateur judiciaire. Chaque dépense lui est soumise.

Il existe aussi une procédure de redressement judiciaire simplifié, dite « de traitement de sortie de crise », pour les entreprises qui fonctionnaient correctement avant la crise sanitaire. C'est mon cas, je ne suis pas une mauvaise gestionnaire, c'est la crise qui a bloqué mon activité.

Dans le cas où le plan de redressement ne fonctionne pas, c'est la liquidation judiciaire.

Sauvegarde, dépôt de bilan, redressement judiciaire, liquidation judiciaire : des mots qui font peur. Pourtant, c'est grâce à la sauvegarde que je n'ai pas perdu mon entreprise.

Avant de fermer boutique, renseignez-vous sur entreprendre.service-public.fr, il y a peut-être une solution pour vous aider !

Mon conseil

Le *crowdfunding*, pas que pour se lancer

Les entreprises ont souvent recours au *crowdfunding* pour lancer leur projet, chercher de la croissance, se développer plus rapidement.
Alors que j'avais lancé une campagne de *crowdfunding* (« financement participatif ») pour développer encore plus Monpetitbikini, tout est tombé à l'eau avec le Covid. Pour l'anecdote, je devais signer le contrat la semaine où le premier confinement a été déclaré. Mon voyage à Paris, deux jours après le début de ce confinement, a été annulé... Pourtant, ma campagne de *crowdfunding* cartonnait et devait atteindre 1 million d'euros. Mon entreprise qui marchait bien au début de la campagne était désormais au bord du gouffre, la valorisation de l'entreprise n'était plus la même. Je savais que ça allait être difficile et je ne voulais pas escroquer les investisseurs. J'ai donc préféré arrêter la campagne de *crowdfunding* et j'ai remboursé tout le monde.

Même dans les situations les plus graves, je ne baisse jamais les bras. Je rebondis toujours, même des pires échecs.

Il faut croire que je suis tel un phénix qui renaît de ses cendres. Même si trois ans après la fin du confinement, les galères, elles, ne sont pas encore finies. Monpetitbikini est sorti de la sauvegarde, l'entreprise a bien redémarré mais pas à la même cadence et au même niveau qu'avant. Une grosse entreprise, ça met toujours un peu de temps à reprendre son rythme de croisière. Et nous remontons doucement notre référencement naturel...

Je sais depuis la crise que tout peut arriver et que mon salaire mensuel n'est jamais garanti ! Si certaines entreprises se sont enrichies pendant la crise, moi j'ai tout perdu !

Heureusement, je n'avais pas « flambé » tout mon argent, j'avais un matelas de sécurité prévu pour mettre à l'abri ma famille en cas de problème.

La leçon de tout ça ? Il ne faut pas mettre tous ses œufs dans le même panier. Je l'ai bien compris et aujourd'hui, je sais me diversifier comme vous allez bientôt le comprendre.

Rebondir (et plutôt bien) après un échec

Les échecs ne s'anticipent pas, ils arrivent. Et c'est la cata. Pour autant, ils forcent à rebondir, à chercher comment revenir, cette fois encore plus fort. L'échec est souvent mal perçu en France, tandis que, aux États-Unis, il est vu comme un apprentissage, une expérience qui permet d'être meilleur par la suite. J'ai connu plein d'échecs qui, tous, m'ont demandé d'être imaginative, prospective, combative. Parce que je ne me laisse jamais abattre !
Je ne peux pas dire que je n'ai jamais douté. J'ai pensé à un moment que je n'allais pas m'en sortir : j'avais trop de dépenses, trop de dettes, l'activité avait trop baissé, à cause du site qui ne marchait pas et bien sûr du Covid. J'ai vraiment cru que j'allais perdre l'entreprise. Je me souviens en avoir parlé à mes parents.
Moi qui avais toujours été la première de la classe, récompensée, moi qui avais gagné des prix, je me suis retrouvée sur les bancs d'un tribunal, à devoir justifier la situation de mon entreprise, la moindre dépense... J'avais l'impression d'être jugée comme un cancre. J'avais échoué. Et ce sentiment était difficile à vivre pour la *success story girl* que j'avais toujours été... Parce que tout ce qui m'arrivait n'était pas de ma faute, mais celle de la crise sanitaire, c'était encore plus dur à accepter.
Ma boîte était en chute libre ? Je ne me suis pas laissé abattre, j'ai mis l'accent sur l'influence, et ce nouveau job a décollé !

Mon compte avait pris de l'ampleur pendant ma grossesse, mais pendant le confinement, j'ai bien gagné au moins 50 000 abonnés. Comment j'ai fait ? Pas de secret, j'ai géré mon compte en *business woman* (voir plus loin). D'où l'intérêt d'avoir plusieurs activités. Si j'ai subi un échec avec Monpetitbikini, j'ai bâti dans le même temps un succès, avec l'explosion de l'influence et de mes collaborations avec les marques. J'ai gagné ma vie ainsi, parce que j'ai pris le temps de développer ce métier nouveau pour moi et de légitimer ma nouvelle activité : j'ai sauté le pas et je suis devenue influenceuse.

Avec le recul, je pense que les plus belles opportunités naissent dans les plus grands moments de crise. Car même si j'avais perdu Monpetitbikini, mon bébé, j'aurais fait autre chose. Je sais qu'il y a pas mal de gens, je l'ai appris récemment, qui disent que quand je touche quelque chose, ça se transforme en or. C'est un beau compliment ! C'est vrai que je suis une guerrière. J'ai appris de mes échecs que quand quelque chose se termine, ce n'est pas forcément mauvais en soi, ça peut être la fin d'un cycle et le début d'un nouveau. Tout est possible, il suffit de recommencer quelque chose. Aujourd'hui, je vois les choses beaucoup plus sereinement. Je pense que si j'étais rattrapée par un autre échec, ma confiance en moi ne serait pas autant ébranlée qu'elle a pu l'être durant ces années Covid.

Ma plus belle qualité ?
Être une battante
(et, juste après, je mettrais
« lumineuse »).

Le défaut sur lequel
je peux m'améliorer ?
Mon impulsivité,
mais, promis, j'y travaille !

Nouveaux succès... et désenchantement

Influenceuse : mon deuxième métier

Quand on gère une entreprise, il y a beaucoup de *up and down*, il existe un risque permanent. Même après dix ans, il peut y avoir des moments où je peux ne pas pouvoir me verser de salaire, car l'entreprise rencontre des problèmes temporaires de trésorerie - comme avec la crise du Covid, où elle ne pouvait plus fonctionner. Pas de chiffre d'affaires, dit pas de revenus, dit pas de chômage. Eh oui, car pendant le Covid, les salaires étaient pris en charge par l'État, mais pas le mien, parce que j'étais entrepreneuse. Ça, beaucoup ne l'imaginaient pas !

Durant la crise sanitaire, mon activité d'influenceuse m'a permis de garder la tête hors de l'eau. Grâce aux contrats passés avec des marques, j'ai été rémunérée, ce qui constituait une source de revenus, que je n'avais plus en tant que gérante d'entreprise : les aides de l'État me permettaient seulement de payer mes employés et de ne pas mettre la clé sous la porte. Or comme chacun le sait, on ne vit pas d'amour et d'eau fraîche ! Pas de salaire, pas d'aide, mais mes crédits immobiliers et voiture à payer chaque mois, en plus du reste des charges que tout un chacun paie pour vivre : factures, nourriture, impôts, etc.

Pendant le confinement, le nombre de followers sur mon compte personnel a augmenté, jusqu'à dépasser les 100 000 abonnés. Je m'efforçais de poster chaque jour de chez moi des idées de

Souvent, mes copines se moquent de moi et me demandent ce qui a bien pu encore m'arriver… Elles me taquinent en m'appelant AudreyNetflix, tant ma vie dépasse parfois les scénarios improbables des séries sur la plateforme !

recettes faciles et gourmandes, d'activités à réaliser avec mon fils pour l'occuper, chez nous ou dans un périmètre d'un kilomètre ; je postais aussi des looks pour rester habillée, même chez soi… À cette époque, j'ai eu beaucoup, beaucoup de contrats avec des marques parce que les gens étaient toute la journée derrière leur ordinateur, leur téléphone. C'était une période bénie pour les partenariats. De mon côté, je n'avais plus d'activité ou presque avec Monpetitbikini. Donc j'ai eu le temps de développer l'influence, un vrai bonus… devenu ma troisième entreprise, après Monpetitbikini et NHLT Paris.
Et j'ai fait ça bien.
L'influence, c'est comme une entreprise. Je cherche à monter en puissance. Alors j'ai analysé ce qui plaît et ne plaît pas à ma communauté pour créer le contenu qu'elle espère de moi. Je sais ainsi qu'elle attend plus de vidéos et de photos, plus de *looks* et de *stories* face caméra. Que je sois plus naturelle, que je raconte davantage ma vie perso : ma famille, mes copines, mes amours, mon rôle de maman, mes galères, mes succès, mes sorties, mes voyages et vacances… En bref, que je sois une *girl next door*, mais en version glamour.

En 2022, j'ai pris un agent, un *community manager*. Ou plutôt une agence d'influence est venue à moi. J'ai recruté de mon côté quelqu'un à temps plein sur l'influence, qui travaille avec moi. Je me suis mise aussi sur TikTok, parfait pour les vidéos, notamment de mes *looks*. Et là aussi, le travail paie, j'observe une vraie montée sur ce réseau. Il faut toujours s'adapter, l'algorithme change tout le temps !

Je pense que, pour réussir, il est indispensable d'accepter le changement constant et de s'y adapter. Il faut savoir être flexible et rester humble.

Le syndrome de l'imposteur

Alors qu'il me joue encore des tours aujourd'hui, je ne lui ai pourtant, pendant longtemps, pas trouvé d'étiquette, de nom.
J'ai eu le syndrome de l'imposteur quand j'ai créé ma boîte, mais encore plus quand je suis devenue influenceuse… Je ne comprenais pas pourquoi mon compte rencontrait autant de succès, je me disais que ce n'était pas mérité.
Autant aujourd'hui, je peux expliquer par A plus B pourquoi Monpetitbikini occupe la place qu'il a aujourd'hui, que ça n'a rien d'un hasard, parce que j'ai bossé comme une folle pour en être là ; autant pour l'influence, j'ai mis longtemps à admettre que j'étais devenue une vraie influenceuse. Aux gens qui me disaient que j'en étais une, que je postais tous les jours, que j'étais suivie, je rigolais, minimisais en répondant : « Pas du tout, j'ai des abonnés, oui, mais je ne suis pas influenceuse, moi, je suis entrepreneuse ! » C'est que je ne me sentais pas légitime. J'avais l'impression de ne pas être comme les autres, de ne pas être à la hauteur et je ne comprenais pas pourquoi j'avais autant d'abonnés qui me suivaient, encore moins qu'on me rémunère pour une photo. J'ai appris sur le tas, en plus de mon boulot : je ne suis pas « 100 % influenceuse », c'est l'influence qui est venue à moi ! Or on observe plutôt le phénomène inverse : une influenceuse profite de sa notoriété acquise pour créer un business. Moi, j'ai fait le contraire.

Il existe un risque sur la durée, quelle que soit l'entreprise, un business ou l'influence. Ça ne me fait pas peur, je sais que je pourrai toujours rebondir et aller sur un nouveau business. Suivre une nouvelle opportunité.

Mais vous savez quoi ? En écrivant ce livre, en évoquant avec vous tous ces souvenirs, je me suis dit que, tout de même, j'avais parcouru un sacré bout de chemin… Que je ne devais tout ça qu'à moi-même, pas aux autres ni au hasard. Ce livre est devenu comme une thérapie !
C'est ainsi que l'influence est devenue mon second métier. Longtemps, j'ai culpabilisé du temps que j'y passais et que je ne consacrais pas, en conséquence, à Monpetitbikini. Maintenant, plus du tout, j'y ai même pris goût. Parce que tout communique : l'influence apporte beaucoup à mon entreprise. Elle me permet de découvrir d'autres choses.
De la même manière que j'ai réussi à trouver un équilibre entre ma vie pro et ma vie de maman, je concilie ma vie pro et mon statut d'influenceuse. Pas de secret, là aussi, tout est une question d'organisation : généralement, le matin, je m'occupe de l'influence et de ma maison, mais aussi des priorités de l'entreprise, des urgences. Et l'après-midi, c'est focus bureau, je ne touche plus à mon portable. À quelques exceptions près : il peut m'arriver, l'après-midi, de faire une *story* pour une marque pendant que je suis au bureau. En revanche, il est rare que je passe une journée entière à l'influence.

Je l'ai vu avec le Covid, mon entreprise peut s'arrêter presque du jour au lendemain, mais l'influence aussi ! Tout est question d'équilibre...

Mon conseil

Mener deux activités, c'est possible, mais pas au début

Je me suis rendu compte, avec le Covid, que c'est essentiel d'avoir autre chose, de ne pas mettre tous ses œufs dans le même panier. Un conseil que tous les grands entrepreneurs m'ont toujours donné... et que je suis aujourd'hui. Une fois qu'un premier métier est consolidé, on peut se lancer dans un autre. Mais je déconseille de tout faire en même temps !

J'ai remarqué avec l'expérience qu'une fois qu'on a créé une première boite, en créer d'autres est beaucoup plus rapide, facile ; on sait déjà faire, on a les bases, même si c'est dans un autre secteur. Mais pour la première, il faut s'y consacrer à 2 000 %.

Parfois, un salarié lassé par son travail décide de créer son entreprise mais ne lâche pas son boulot, pour la sécurité financière. Pour moi, c'est un mauvais calcul : quand on monte sa boîte, qu'on a un nouveau projet, il est crucial de s'y consacrer à deux mille pour cent. Et être au pied du mur, ne pas avoir de revenus en attendant, ce n'est pas très grave, ça donne au contraire la niaque, ça décuple l'envie de réussir, d'avoir les dents longues. Faire « à côté », autant dire à moitié-moitié, pour moi, est voué à l'échec.

L'influence, ma petite entreprise (on ne se refait pas !)

L'influence n'est pas mon vrai travail, mais elle s'apparente, comme je l'ai expliqué plus haut, à une entreprise : au début, il faut passer du temps à la développer et elle ne rapporte pas immédiatement de l'argent. J'ai commencé à avoir des partenariats rémunérés au bout de deux ans. Bien sûr, je n'accepte que les collaborations que j'estime alignées avec mes valeurs, avec qui je suis. Je suis très attentive à l'identité de la marque, que je souhaite qualitative. Je regarde aussi les avis clients pour me faire une autre idée du produit, je m'assure de la réputation de la marque, etc.

Au début, on avance à tâtons, le montant des cachets reste tabou, même entre influenceurs. J'avais malgré tout une petite idée car il nous arrive, avec Monpetitbikini, de recourir aux services d'influenceuses, qui demandent en échange une certaine somme. Et les marques elles-mêmes me proposaient un budget. Puis je me suis professionnalisée et j'ai su combien je pouvais facturer pour telle ou telle collaboration.

Aujourd'hui, l'influence me rapporte beaucoup d'argent : certains mois, je gagne jusqu'à cinq chiffres. Et comme pour n'importe quel revenu, je suis taxée. J'avoue que ça m'amuse... même si créer du contenu, croyez-moi, est un vrai job !

L'influence repose sur un process très professionnel. Par exemple, un réel d'une vingtaine de secondes peut me demander facilement une demi-journée de travail. Il doit la plupart du temps être ensuite validé par la marque demandeuse de la collaboration avant d'être posté. Mais ce sont des choses que mon agence essaie de négocier systématiquement : je souhaite garder la maîtrise du contenu, qu'on ne me le dicte pas, et une certaine spontanéité : ainsi, j'essaie toujours de poster le jour même où je réalise la *story*, pas une semaine plus tard. Si je suis à Paris, je ne peux pas me montrer le même jour en mode *fitgirl* avec la mise en avant d'une boisson au bord de ma piscine ! Il faut rester cohérent avec soi-même. Mon agence envoie ensuite à la marque les statistiques du post, qui permettent d'avoir un retour sur la visibilité, les marques n'étant pas obligées de communiquer l'impact, les ventes générées par mon service, le retour sur leur investissement. Mais quand ça se passe bien, la collaboration se poursuit : je travaille essentiellement avec des marques pour lesquelles j'ai des contrats réguliers ; un bon marqueur de part et d'autre pour témoigner que nous sommes satisfaits de notre collaboration. Ouf, ça fait du bien à mon syndrome de l'imposteur !

Néanmoins, on ne sait jamais à l'avance ce qui va plaire à notre communauté : parfois, elle adore, parfois ça ne prend tout simplement pas !

Mon conseil

Travailler derrière un bureau ? Pas forcément

Grâce à l'influence, j'ai appris à avoir une vision plus globale de mon temps. La vie, le travail, ce n'est pas être derrière un ordinateur, de 9 heures à 18 heures. C'est très français, cette conception du travail. Ce n'est pas parce que je ne suis pas au bureau que je ne travaille pas. D'ailleurs, je suis beaucoup plus efficace en dehors du bureau, quand je n'ai pas la tête dans le guidon : j'ai alors plus de recul, une meilleure vision globale… et les idées fusent ! Voyager, s'aérer l'esprit, faire du sport, échanger avec des gens inspirants, prendre des vrais temps de pause pour être plus créative (j'ai souvent les meilleures idées pendant que je cuisine ou que je fais une pause au soleil ou encore dans mon bain)… Il existe plein de manières différentes de travailler, de s'oxygéner le cerveau. Et ça ne passe pas forcément par être derrière son ordinateur.

Ne jamais s'endormir sur ses lauriers

C'est l'arroseur arrosé, mais content de l'être : moi qui ai démarré en vendant les marques des autres, aujourd'hui, c'est ma marque que les autres achètent !

J'ai longtemps ouvert des *pop-up* (boutiques éphémères) pour vendre nos maillots l'été. Ils rencontraient beaucoup de succès, les gens faisaient la queue pour y entrer ! Ce que j'ai arrêté de faire, bien évidemment, avec le Covid. Mais je n'ai volontairement pas repris.
Ce choix d'arrêter, dicté par la crise sanitaire, est aujourd'hui une stratégie.
Dans tout ce que je fais, j'analyse la situation pour travailler moins et gagner plus. Si quelque chose me demande beaucoup de temps pour au final rapporter peu, je n'y perds plus mon énergie. J'ai donc changé de *business model.*
D'abord parce que les boutiques physiques nécessitent beaucoup de temps, de budget (location de local, salariés, gestion, etc.) - non investi ailleurs et avec un retour sur investissement faible - mais aussi parce que je travaille désormais différemment : mes maillots sont distribués dans des points de vente en *B to B* (voir encadré page suivante). Je n'ai donc plus à en supporter les frais. Ainsi, en 2023, nos maillots ne sont plus uniquement disponibles sur notre site, mais aussi dans des boutiques qui distribuent

différentes marques (y compris à l'international, en outre-mer) ou dans des grands magasins comme les Galeries Lafayette.

Si je n'ouvre plus de *pop-up*, j'ai en revanche gardé dans les bureaux de la marque une boutique showroom à l'année. J'aime avoir un retour du client sans intermédiaire : savoir ce qui se vend, ce qui ne se vend pas, pourquoi, et ce que les clients recherchent. Et puis c'est important pour moi de cultiver le contact, la proximité avec le public qui achète nos maillots.

Les réseaux sociaux, on l'a vu, ont été un relais de croissance. Aujourd'hui, il faut encore réinventer le marketing et la communication de l'entreprise. Les photos d'Insta laissent la place aux *reels*, contraction de blog et vidéo, sur YouTube ou TikTok depuis 2023. Un nouveau marché à conquérir.

Mon conseil

B2B, B2C, franchise…

B2B, ou encore *B to B*, pour *business to business*, c'est un contrat entre une boutique et, en l'occurrence, ma marque, qui autorise la boutique à vendre mes maillots. C'est l'inverse de ce que je faisais avec mes boutiques, où j'étais en *B2C*, ou *B to C*, qui signifie *business to consumer*, de la marque au client.
La prochaine étape que je vise est la franchise : moi, le franchiseur, je vais concéder à un franchisé le droit d'utiliser ma marque en échange d'une redevance (un pourcentage du chiffre d'affaires).

Rien ne va plus

En 2022, alors que NHLT était en très forte croissance et connaissait un succès monstre, nous avons commencé à avoir des désaccords avec Camille quant à la stratégie de notre marque. Notre amitié s'en est trouvée impactée et Camille a alors décidé de lancer sa marque seule de son côté ; s'en est suivi une procédure juridique. J'ai ressenti une véritable trahison entrepreneuriale et amicale.
Alors que nous sommes aujourd'hui en phase de réconciliation, je pense avec le recul que le fait d'avoir eu une partie des équipes dans le Sud et une autre à Paris n'a pas favorisé une bonne communication. Cette expérience s'est révélé être un échec pour toutes les deux, mais nous tâchons de trouver une solution à l'amiable, de sorte que la fin soit positive pour chacune.
Mon conseil ? Ne pas être au même endroit géographique ne permet pas toujours une vraie synergie de groupe et je l'ai dit, une communication fluide. Quand c'est possible, la discussion, j'en suis convaincue, peut arranger beaucoup de choses. Car même si j'ai été accompagnée par mes avocats, les procédures juridiques restent lourdes et longues, difficiles émotionnellement et sources de beaucoup de stress et de tensions. Avec Camille, nous nous sommes promis de sauver notre amitié. J'en suis intimement persuadée : dans la vie, il est important de ne pas rester dans des situations conflictuelles, mieux vaut toujours chercher à garder de bons rapports avec les autres ; rien ne vaut plus cher que la paix.

Mon conseil

S'associer ou pas ? Les *Do* et les *Don't*

Monter une boîte avec des amis, son partenaire, peut paraître attractif, mais attention, plus d'un s'y est brûlé les ailes ! Quelques points à étudier avant... ou pendant l'association !

DO

- Quand on sent bien le projet et la personne avec qui on le monte.
- Quand on a la même vision du développement... Et qu'on continue de l'avoir !
- Quand on partage des valeurs identiques.
- Quand on est complémentaires.
- Quand on s'éclate dans le projet !

DON'T

- Quand la relation devient toxique, énergivore, déséquilibrée...
- Quand ce n'est pas le bon timing.
- Quand l'éloignement géographique peut nuire à une bonne communication.
- Quand on ne le sent pas, qu'on trouve que ce n'est pas la bonne idée, pas comme ça...
- Quand on n'a plus la même idée de développement.
- Quand on n'a pas/plus la même ambition, qu'on ne s'investit pas de la même façon.
- Quand a trop d'ego, qu'on ne valorise pas son associé.

Je dirais pour finir qu'il n'y a pas de règle pour l'association. C'est comme un mariage... C'est parfois difficile à garder dans le temps, surtout quand on change, que le business évolue...

Je ne suis pas une super héroïne !

Il y a des jours où il y a trop de pression au travail, dans sa vie, dans sa tête... Ce n'est pas toujours facile à gérer quand on est sa propre *boss*.

Les jours où tout va mal, je m'appuie sur un réseau d'entrepreneurs, devenus entre-temps des amis. Je les appelle, leur lance un SOS ; ils comprennent tout à fait ce que je ressens car eux-mêmes sont passés par là. Ils calment mon anxiété, me donnent leur avis, des solutions... que je vais suivre, ou pas ! Mais le simple fait de leur parler de mes problèmes, de les évoquer, me permet de me sentir moins seule, de prendre du recul et d'ouvrir le champ des possibles : là où je ne voyais plus qu'une porte fermée, j'entrevois désormais plusieurs chemins.

Je crois qu'il est indispensable d'avoir ce réseau d'amis entrepreneurs quand on entreprend soi-même.

Mon conseil

Un mentor, et pourquoi pas ?

Certains ont besoin d'un mentor, au début de leur activité comme dans les grands changements.
Pour le trouver, faites le tour de votre réseau. Vous ne connaissez personne ? Allez-y au culot, écrivez aux personnes qui vous inspirent, à celles à qui vous aimeriez ressembler. Fendez-vous d'une lettre motivée et vous aurez une chance sur deux d'avoir une réponse positive.
Pensez aussi aux coachs professionnels : ils peuvent avoir le recul que vous n'avez plus et apporteront de la valeur à votre projet.
Vous pouvez aussi écouter des podcasts ou lire des biographies d'entrepreneurs que vous admirez ou de personnes qui vous inspirent.

Quand la charge mentale déborde...

Le Covid, et tous les chamboulements qu'il a générés, a vraiment été une période difficile pour monpetitbikini bien sûr, mais aussi pour ma famille et moi. En plus des soucis financiers (mes revenus étaient à l'arrêt), j'ai dû gérer la sauvegarde de mon entreprise en même temps que notre déménagement - et tout le stress qui va avec l'achat d'une maison (difficulté d'obtention d'un prêt, administratif, travaux et emménagement) - alors que nous gardions notre fils d'à peine un an à temps plein à la maison, avec aucune possibilité de se relâcher, de s'amuser puisque la vie sociale était à l'arrêt pour tout le monde. L'ensemble mis bout à bout a fini par faire exploser ma charge mentale : j'avais trop de choses à gérer en même temps, trop de poids sur mes épaules, je me sentais comme asphyxiée. Je n'avais qu'une seule envie : échapper à la réalité. J'avais un tel besoin de relâcher toute cette pression... J'ai alors fait un burn-out, un vrai, qui a eu des répercussions sur mon couple.
Aujourd'hui, je regrette vraiment ce qui s'est passé. Je n'ai pas su trouver l'équilibre en ce moment si particulier pour tout le monde. J'avais besoin de temps pour moi, pour m'amuser. Cela a été la plus grosse erreur de ma vie. Avec le recul, j'ai appris de cette période, j'ai changé. Je sais que j'agirais différemment si la situation se représentait, je ne reproduirais pas les mêmes erreurs.

Mon conseil

L'immobilier, pour assurer ses arrières

L'immobilier, la rénovation, la déco, c'est quelque chose qui m'a toujours plu. Aujourd'hui plus que jamais, je pense que c'est un bon moyen d'arrondir ses fins de mois et d'assurer ses arrières. Alors dès que j'ai pu, j'ai investi dans des appartements, j'ai acheté les bureaux de Monpetitbikini. Si j'ai un conseil à vous donner, c'est d'investir dans la pierre, l'immobilier. C'est rare de perdre l'argent investi, bien souvent, la plus-value est importante.

Instagram vs *Real Life*

Longtemps, on n'a montré sur les réseaux que les bons moments, les vacances de rêve, les visages et les silhouettes filtrées… Depuis quelque temps, les influenceurs dévoilent les moments plus sombres, les bas et pas que les hauts.
J'ai toujours été très honnête avec ma communauté : par exemple, quand je prends des kilos, je ne le cache pas, je le dis. Quand je fais de la cellulite, je le dis aussi. Quand je mange mal, que je ne trouve pas la motivation pour bouger, je le partage. Et quand je redresse la barre, je le partage aussi !
La plupart des influenceuses en sont toujours à poster des photos retouchées, à ne montrer que le bon côté des choses. Ce qui est très mauvais, parce que les personnes qui les suivent ont l'impression qu'elles sont parfaites tout le temps, et qu'elles ont une vie idéale, que, elles, n'auront jamais. Les jours où je me sens en forme, je filme du contenu, mais je n'hésite pas à me montrer aussi avec un orgelet qui ne me met pas en valeur, en pyjama, pas maquillée.
Pendant le Covid, je n'ai pas souhaité raconter tout ce qui se passait sur mon compte, les gens attendaient du contenu pour s'évader, pas pour être plombés… J'ai dit que c'était difficile, mais sans rentrer dans les détails. C'est compliqué de dire : « Bonjour, aujourd'hui j'ai entamé une procédure judiciaire de sauvegarde. » Sans compter que la plupart des gens ne savent pas ce que c'est.

Je pense qu'il y a un moment pour tout. Autant j'aime échanger avec des gens qui entreprennent, qui réussissent et qui passent eux aussi par des galères, des échecs, autant j'avais besoin de digérer, de dépasser mon stress pour pouvoir en parler à ma communauté. Être entourée ou s'inspirer de gens qui réussissent, c'est top, mais quand on connaît un échec ou une galère, comme c'était le cas avec Monpetitbikini.com, c'est rassurant de se dire qu'untel ou unetelle a lui ou elle aussi des soucis, a peur lui ou elle aussi de perdre sa boîte, a connu un gros *down*, mais qu'il ou elle s'est relevé(e).

À ce moment-là, je n'arrivais pas à parler de mes soucis, ni à mes parents ni à ma famille, ni à des proches, pas même à mon mari. Je disais que ça allait alors que non, ça n'allait pas du tout en fait. J'intériorisais mes problèmes, j'étais une guerrière qui gérait, comme d'habitude. Je tiens ça de mon père : il a toujours fait ça, il a toujours voulu nous protéger. C'est aussi pour ça que sur Insta, je n'en ai pas forcément parlé. Par pudeur, par honte aussi. J'ai l'habitude de dire : « C'est bon, je gère, ça va aller. » Et c'est vrai : finalement, j'ai géré, je m'en suis sortie. Mais aujourd'hui, je ne veux plus refaire comme ça.

Tout gérer toute seule, tout porter, c'est fini.

Mon conseil

Bodypositive

Ne vous faites pas avoir par les standards vus sur les réseaux sociaux. Dans la vraie vie, on a toutes nos petits défauts et nos imperfections. Au final, tout est une question d'attitude, de savoir/vouloir se mettre en valeur, de confiance en soi, de posture.
Je n'hésite pas à montrer l'envers du décor : quelles sont mes astuces pour me mettre en valeur (comment porter mon maillot de bain pour allonger mes jambes, un legging haut pour arborer un crop-top...) et comment je suis en réalité.
Dites : « Je suis fière de mon corps », *repeat after me !*

Insta Goals :
Me lever tôt.
Faire un peu de sport,
si possible tous les matins.
Manger équilibré et boire
deux litres d'eau dans
la journée.
Cultiver le positif.
Garder la tête froide face
aux haters.
Lâcher prise : ce qui doit
arriver arrivera.
Déconnecter.

Et maintenant ? Et si le meilleur restait à venir ?

Ma recherche d'équilibre et de spiritualité

C'est quand je me suis séparée de mon mari que j'ai commencé à me faire aider. J'ai enfin fendu ma carapace, retiré mon armure de guerrière pour laisser apparaître une autre facette de moi, plus douce, plus spirituelle. La Audrey fonceuse a laissé un peu de place à une Audrey plus sereine.

Aujourd'hui, je tends vers une vie plus apaisée, pour ne plus jamais vivre un burn-out. C'est comme si mon corps avait atteint sa limite de stress qu'il peut endurer.

J'ai ainsi mis plein de choses en place pour travailler beaucoup moins qu'avant. Je me suis réorganisée pour dégager du temps pour ceux que j'aime.

Et puis quand une chose ne se déroule pas comme prévu au bureau (un retard, un problème de fabrication, etc.), je me mets beaucoup moins la pression et je rassure l'équipe en disant que la terre ne va pas s'arrêter de tourner pour autant.

J'ai enfin réalisé que la vie, ce n'est pas que le travail, l'argent et toujours plus. C'est aussi donner, partager, rendre, prendre du temps pour les gens qui comptent pour moi. Avoir du temps, c'est mon nouveau luxe !

Mon conseil

Dans la vie, il n'y a pas que le travail, je l'ai découvert trop tard et à mes dépens. C'est important de découvrir d'autres horizons, de prendre du temps pour vivre ses passions. Pour ma part, c'est la spiritualité ; elle m'aide beaucoup dans mon travail au quotidien, et pour me ressourcer.

Faire du business, réussir, OK, mais la santé mentale et le bien-être, first !

Mes temps pour moi

Aujourd'hui, je cultive mon jardin secret, je ne vis plus pour les autres. Je n'ai plus peur de me retrouver seule avec moi-même, au contraire, j'apprécie ces moments.
- J'essaye de prendre des moments pour moi, où je médite.
- Je travaille aussi beaucoup sur mes énergies, sur mes chakras. Une fois par semaine, je m'offre un massage ou une séance de reiki, une séance spirituelle. Ces techniques énergétiques remettent les énergies en place et chassent les mauvaises. Ces séances sont pour moi o-bli-ga-toires. Elles sont très importantes pour ma santé mentale, pour décompresser. Pour ne pas refaire un burn-out...
- Je consulte également des thérapeutes holistiques, qui ont une approche globale. Parce que j'ai bien essayé de faire une psychothérapie au moment du burn-out, mais ça ne me convenait pas du tout, même après plusieurs tentatives avec des professionnels différents. Là, j'ai trouvé des femmes exceptionnelles, qui me font beaucoup de bien et que je vais voir dès que j'ai des petites alertes de stress, de fatigue, des coups de mou ; je n'attends plus comme avant d'être au trente-sixième dessous. Ce sont mes petites fées, elles m'accompagnent et m'aident à traverser les difficultés sans encombre. Je vais les consulter aussi quand j'ai besoin d'y voir clair, que j'ai à prendre une décision difficile ; en sortant, j'ai retrouvé une forme de sérénité, j'ai pris du recul et je sais ce que je dois faire.

- Si je sens que je m'énerve facilement, que je m'emporte, je travaille plusieurs jours de suite de la maison, je m'autorise un déjeuner avec des amis... Au lieu de continuer coûte que coûte, je m'accorde une pause. J'accepte de ne pas être la *boss* parfaite tout le temps. Pour mon bien-être, ma santé mentale et celle des autres !
Je suis persuadée que prendre des décisions pour l'entreprise ou travailler alors que l'on se sent stressé, tendu, ne peut se conjuguer avec la réussite, les bons choix. Mieux vaut s'écouter, comprendre l'origine de son mal-être et le régler, pas l'imposer.
- J'ai aussi pris un coach fitness qui vient m'entraîner à domicile le matin. Ah ! moi et le sport, c'est une longue histoire : est-ce mon meilleur ami ou mon ennemi ? J'avoue que j'ai du mal à trancher ! Le soir, je suis trop fatiguée, je n'arrive pas à me motiver. Et puis je n'ai qu'une hâte après le travail, c'est de rentrer chez moi. Je trouve toujours une bonne excuse pour ne pas en faire (quitte à rester derrière mon ordi...). Avec mon coach, je n'ai pas le choix : je fais du renforcement... et de la boxe ! Ça me permet de me défouler, de me sentir plus forte, de savoir me défendre et combattre...
- Je pratique également du Pilates, pour me recentrer ! Et je vais m'entraîner dans une salle.

Mon conseil

Mon rapport au sport : on en parle ?

On me dit souvent que j'ai une mentalité de sportive, et ce, depuis toute petite. Pourtant, je ne fais pas tant de sport que ça. Si j'en fais, c'est surtout pour entretenir mon corps, vous l'aurez compris.
Que je vous raconte une anecdote qui en dit long : l'autre jour, à la kermesse, mon fils gagnait toutes les épreuves. Son père est sportif de compétition de haut niveau. Tous les deux, on l'encourageait à fond ! Les profs se sont gentiment moqués de nous : « Ça va, vous n'avez pas trop l'esprit de compétition dans la famille ?! » C'est vrai que j'ai un esprit de réussite, de compétitrice. Et avec le père de Pablo, on a transmis ça à notre fils, il déteste perdre !

Mon conseil

En plein chaos ?

Ça m'est arrivé, alors voici les conseils que je peux vous donner, qui m'ont aidée petit à petit à remonter la pente :
– Éloignez-vous des personnes toxiques, des personnes qui vous jugent.
– Priez ou faites des demandes à l'Univers.
– Partez ailleurs ou voyagez, bref, changez d'air.
– Nagez, si possible dans la mer, pour vous « nettoyer » et vous ressourcer.
– Faites-vous masser, crémez-vous, renouez avec votre corps.
– Suivez une thérapie ou lisez des livres de développement personnel.
– Faites la fête ! L'effet obtenu ne dure que très peu, mais ça fait tellement du bien !
– Restez seul et appréciez ce moment avec vous-même.

Mon portrait chinois

Si j'étais...
– Un animal, je serais un chat.
– Une chanson : *Flowers*, de Miley Cyrus.
– Une citation : elle est un peu l'équivalent de *Never give up !* : « Si tu ne rentres pas par la porte, passe par la fenêtre ; si tu ne passes pas par la fenêtre, passe par la cheminée ! » (Je la dis tout le temps à mes employés !) #determination #perseverance
– Un film, une série : *Gossip Girl*.
– Un plat : le rougail saucisses évidemment ! (un plat typique réunionnais).
– Un maillot de bain : un petit bikini ;-)
– Ma saison préférée : l'été.
– Un sport : la boxe.
– Un fruit : la mangue.
– Un pays : la Réunion, ça marche ? Sinon, Bali !
– Un mot : Karma.

La loi de l'attraction 💫

Écoutez votre intuition,
pas les autres.
Regardez votre *vision board*
chaque jour, visualisez
votre rêve...
Accrochez votre ceinture,
travaillez sans relâche
et vous y arriverez !

Plus que jamais, j'essaie de me concentrer sur mes rêves, mes objectifs, ma réussite, pas sur mes peurs.
À la fois *girlboss* et spirituelle, j'ai un outil de choix pour m'aider à atteindre mes objectifs dans la vie : le *vision board*. Je l'utilise depuis des années et, grâce à lui, je réalise petit à petit tous mes rêves. Pour que cela marche, il suffit d'y croire très fort, de bien visualiser les choses que l'on espère voir se manifester, d'être positif (le positif attire le positif !), et assurément de belles choses vous arriveront ; c'est ainsi, c'est la loi de l'Univers.

Mon conseil

Comment réaliser votre *vision board* ?

– Commencez par aller sur Internet, Pinterest par exemple, et cherchez puis enregistrez toutes les images qui correspondent à vos objectifs ; par exemple, la voiture de vos rêves, la destination où vous souhaitez partir en vacances, l'endroit où vous voulez emménager, la maison de vos rêves, etc.
– Une fois votre sélection faite, imprimez toutes vos photos et découpez-les.
– Il ne vous reste plus qu'à trouver un joli tableau sur lequel vous allez pouvoir accrocher les photos afin de les visualiser tous les jours. C'est en effet en visualisant quotidiennement vos rêves que vous allez les ancrer et qu'ils se réaliseront. Faites un vœu ! Et tenez-moi au courant !

Je vous invite à lire les livres *Le Secret* de Rhonda Byrne et *Karma bitch* de @lesmedeoresdankaa si vous voulez approfondir le sujet.

Home, sweet home

Impossible de ne pas reparler de mon goût pour l'immobilier. J'adore acheter, transformer, aménager, décorer, revendre... et racheter ! Je crois que vous êtes nombreux à aimer la déco ; quand j'ai retapé ma maison, je l'ai partagé : j'ai posté les avant/après, comment j'ai décoré... et mes posts et vidéos ont eu beaucoup, beaucoup de succès - j'ai reçu une tonne de commentaires, il faut croire que ça vous a plu.
Chez moi comme au bureau, j'aime soigner l'ambiance. Je suis intimement persuadée que ce qui nous entoure a une influence sur nous. Alors à la maison comme dans les locaux de Monpetitbikini, j'ai eu à cœur de veiller à la déco, la lumière, de créer un espace agréable et propice au travail comme à la détente. J'ai choisi du mobilier clair et épuré, des affiches inspirantes, un éclairage doux et chaleureux, des plantes apaisantes, des bougies pour les bonnes ondes, et là aussi, l'*office tour* vous a plu !
Le rangement est également important pour moi. À la maison comme au bureau, j'aime que les espaces soient dégagés pour ne pas entraver l'énergie mais aussi mes pensées, mon travail. Quand je quitte le bureau, je prends toujours quelques minutes pour faire place nette sur et dans mon bureau. Vous n'y trouverez jamais un vieux gobelet avec un reste de café... beurk !

Mon ultime secret pour moins travailler et vivre mieux

Vous l'avez compris, pour moins travailler, je délègue, ce qui me permet de prendre de la hauteur et de développer ma stratégie :
- Aujourd'hui, qu'est-ce qui marche dans l'entreprise ?
- Qu'est-ce qui marche moins bien ?
- Qu'est-ce qui me prend le plus de temps ?
- Qu'est-ce qui m'en prend le moins ?
- Y a-t-il quelque chose que personne ne peut faire à ma place ?

Dès que je commence une tâche, je me pose cette question simple mais très efficace :
- Est-ce que c'est à moi de le faire ? ou est-ce que quelqu'un peut le faire à ma place ? Est-ce que je peux déléguer ?

Si vous avez du mal à déléguer, franchement, essayez, posez-vous cette question : vous allez voir, ça va beaucoup vous aider !
Ce raisonnement, j'ai mis du temps à le mettre en place, mais désormais, je fais très vite le ménage dans les dossiers à traiter. Je peux presque tout déléguer !
Il reste deux choses que je n'ai pas déléguées.

1. La stratégie

En me dégageant du temps, je peux dresser le bilan des derniers mois, réfléchir à comment je peux développer l'entreprise ;
- quelles sont mes victoires ?

- quels sont mes échecs ?
- quelle est la vision que j'en ai à long terme ?
- comment faire gagner plus d'argent à l'entreprise ?
- comment la valoriser ?

Ça, seule moi peux le faire.

Beaucoup d'enjeux, beaucoup de challenges, des tournants, c'est tout ce que j'aime et tout ce que je vous souhaite ! Les filles, *dream big* !

2. La création

Je la garde, et plutôt deux fois qu'une ! Un temps, j'ai trouvé une styliste pour m'aider. Quand je l'ai recrutée, ça a été un vrai coup de cœur. Elle a compris mon ADN, mon style. N'empêche, ça a été une grosse étape pour moi, qu'on (les investisseurs, les *business angels*, mon réseau…) me conseillait de franchir depuis le début. Pourquoi ? Parce que c'est risqué de faire reposer tout le stylisme sur une seule personne, en l'occurrence moi. S'il m'arrive quelque chose, l'entreprise n'existe plus. Mais jusqu'ici, je n'avais pas réussi à passer le cap. Alors j'indiquais à ma styliste l'esprit que je souhaitais pour la prochaine collection (par exemple, une collection avec des soleils ou des papillons ou telle couleur, telle matière…). Et après, elle se débrouillait avec ses connaissances de styliste, elle voyait ce qui est possible et réalisable, elle insufflait

ses idées et on complétait ensemble la trame de la collection. Travailler à deux a nourri la création, l'a renouvelée, l'a challengée et nous a permis d'être meilleures ! Mais finalement, on a préféré se séparer, j'aime trop ça pour le déléguer !
Entendons-nous bien : mon but n'est pas de ne plus travailler du tout, mais de réduire au maximum mon temps de travail. Pour être présente pour mon fils, mais aussi pour d'autres projets : l'influence ou, pourquoi pas, une nouvelle idée ! Difficile de se contenter d'une seule quand on est une vraie *girlboss* dans l'âme. Et puis il m'arrive d'être sollicitée...

Se réinventer, encore et toujours : rôle modèle

De même que ma première *boss* a joué un rôle de mentor pour moi, m'a donné envie d'entreprendre, j'aime à mon tour inspirer, donner des conseils, partager mon parcours, mes expériences.
En toute modestie, je suis devenue mentor ; j'ai ainsi d'anciennes stagiaires ou employées qui ont créé leur entreprise (dans la mode, le luxe...) et qui me disent que c'est grâce à moi. D'ailleurs, c'est aussi le but de ce livre : que mon témoignage vous inspire et vous motive à oser rêver puis réaliser la vie et le job dont vous rêvez !
Les entreprises créées par des femmes restent marginales ; c'est la raison pour laquelle les femmes cherchent souvent à s'entraider, *via* un réseau physique, un cercle d'amis ou de relations, un club, ou grâce aux réseaux sociaux, entre *girlboss*... quand elles ne se tirent pas dans les pattes ! Je reçois beaucoup de messages sur Instagram de personnes qui me demandent conseil, qui me confient : « Audrey, j'ai lancé mon entreprise, tu m'as inspirée, grâce à toi, j'ai eu le courage de me lancer... » Vous n'imaginez pas quand je reçois ce genre de message... : cœur, cœur, cœur ! C'est clairement ceux qui me font le plus plaisir, plus que « J'ai acheté la même robe que toi » ou « J'aime trop ton look » par exemple.
J'aimerais bien créer ça dans ma région : un réseau pour pousser à entreprendre au féminin. Pour montrer que c'est possible. Une vitrine où l'on mettrait à l'honneur les femmes qui entreprennent, qui sont libres, indépendantes et avancent malgré les préjugés

« La seule façon de faire du bon travail est d'aimer ce que vous faites. Si vous ne l'avez pas encore trouvé, continuez à chercher. Ne transigez pas. Comme pour tout ce qui concerne le cœur, vous saurez quand vous aurez trouvé. Et, comme dans toute bonne relation, les choses ne cessent de s'améliorer. Alors continuez à chercher jusqu'à ce que vous le trouviez. Ne transigez pas. »
Steve Jobs

et diktats de la société. Je pense plus *via* les réseaux qu'en présentiel, car en fin de journée, vous le savez maintenant, je redeviens la maman de Pablo ! Mais devenir un jour *business angel* serait pour moi un bel aboutissement. L'entreprenariat est vraiment ma passion, alors quoi de mieux que d'aider les futurs entrepreneurs de demain et d'investir dans des start-up françaises !
J'aimerais vraiment partager avec le plus grand nombre ce que j'ai appris au fil des années, alors pourquoi pas une activité de consultante *via* des *master class* pour parler d'entrepreneuriat féminin, de stratégie d'entreprise ? Une idée qui fait son chemin...
Transmettre, inspirer, motiver, aider des entrepreneurs à se lancer, c'est ce que mon intuition me dicte de faire ces prochaines années. Et je crois bien que j'ai commencé ce nouveau chemin avec vous et ce livre ! Pour le reste, je vais comme souvent laisser l'Univers me guider.

Le jour où tout a basculé

Au moment où je relisais les épreuves de mon livre, un drame est arrivé, nous prenant tous par surprise : Coralie, ma plus fidèle collaboratrice Monpetitbikini, mon amie dévouée, est décédée brutalement.
Alors que j'étais depuis quelque temps en pleine réflexion sur ma vie de demain, les choses me sont soudainement apparues très claires : sans Coralie, je n'ai plus envie de continuer l'aventure, celle que j'ai pensée et que nous avons créée et partagée tout du long. Coralie était une vraie associée, mon bras droit. De brainstorming en brainstorming, nous avons imaginé ensemble toutes les collections. Sans elle à mes côtés, sans son regard exercé, talentueux, sincère et toujours bienveillant, je ne me sens tout simplement plus la force, l'énergie, de poursuivre, je n'ai plus goût à écrire la suite de l'histoire. Coralie me comprenait bien au-delà des mots et savait traduire toutes mes envies, elle donnait corps à nos désirs, au fruit de nos échanges inspirés. Je mesure aujourd'hui ô combien elle est irremplaçable professionnellement tant elle est dans l'ADN de Monpetitbikini, et surtout dans ma tête et dans mon cœur...
La mort de Coralie a scellé le destin de la marque. Une page s'est définitivement tournée.

Le début d'un nouveau cycle

Chaque aventure a une fin, tout est cycle, tout arrive au moment où les choses doivent arriver… Et je le sais, la suite sera belle ! Aujourd'hui, c'est en tant qu'entrepreneuse, influenceuse et maman que j'ai pris la plume, mais vous l'aurez deviné, j'ai d'autres projets pour demain, j'en veux toujours plus mais désormais mieux ! Car une chose est sûre, dans tous les cas, je ne ferai plus comme j'ai fait : travailler jusqu'à l'épuisement, la mise en danger.

Je vais vous faire une confidence : mon rêve depuis toujours, c'est de prendre ma retraite à 40 ans.

Après avoir traversé toutes ces épreuves, je me suis posée un peu, j'ai pris du recul et j'ai compris que le plus important, c'est de profiter de la vie, de ce que l'on a, et de ne pas toujours vouloir avoir plus. Mes objectifs aujourd'hui à l'approche de la quarantaine ne sont plus les mêmes que ceux que j'avais à 20 ou 30 ans. Longtemps, mon but a été d'être une femme indépendante, à la tête d'une entreprise, riche, reconnue. Je voulais faire mes preuves, et j'ai réussi à cocher toutes les cases de la business girl puissante. Mais j'étais une éternelle insatisfaite puisque j'en voulais toujours plus !

Tenir les rênes d'une entreprise, assurer une production, je m'en rends compte après toutes ces années dédiées à Monpetitbikini, c'est épuisant, physiquement et moralement. C'est toute la différence entre un business de services et un business de production. C'est d'ailleurs une remarque qu'on se fait souvent entre entrepreneurs : il est utile d'avoir un business de services, c'est même la clé de l'équilibre. Le business de services est plus rentable et engage beaucoup moins qu'un business de production : pas de stocks, pas de production, pas de personnel à gérer, juste des factures à émettre pour les services demandés et effectués. J'ai longtemps cherché un business de services à côté de Monpetitbikini, je l'ai enfin trouvé quand l'influence est venue à moi. Après presque 15 ans d'entreprenariat, je suis peut-être arrivée au bout d'un cycle : j'ai commencé tôt, j'ai atteint les objectifs que je m'étais fixés à l'époque, j'ai prouvé ce que j'avais à me prouver, à moi-même et aux autres, et je n'ai plus rien à démontrer - d'ailleurs, le regard des autres n'est plus aussi important qu'avant. Ce qui prime, c'est d'être bien avec moi-même, pas ce que je représente aux yeux des gens.

Aujourd'hui, après avoir énormément travaillé ces dernières années, peut-être plus que certains dans toute une vie, j'ai besoin de faire un break. Enfin. J'ai envie de connaître autre chose, j'aspire à une vie plus calme, à avoir encore plus de temps pour mon fils, ma famille. Je veux profiter des petits moments comme prendre un café le matin avec une copine à une terrasse ensoleillée,

jardiner, préparer des gâteaux... Des choses simples, qui rendent heureux, et qui m'ont manqué toutes ces dernières années.
Je suis allée tellement trop loin... J'ai atteint une telle charge mentale et un tel niveau de stress que je ne peux plus rien absorber, plus rien supporter. Je vais désormais prendre le temps de réfléchir à ce que j'ai envie de faire pour cette autre et nouvelle partie de ma vie. Vous vous demandez peut-être comment je vais faire financièrement ?
Je vais continuer l'influence, devenue un métier. J'ai aussi bien épargné durant toutes ces années, et j'ai des revenus grâce aux investissements immobiliers que j'ai réalisés. Je me laisse donc le temps qu'il faudra pour me reconstruire - je me suis tellement oubliée toutes ces années - et envisager un projet qui me corresponde pleinement, moins stressant, plus aligné avec celle que je suis devenue.
Qui sait, je vais peut-être réaliser mon rêve et me payer le luxe d'être rentière à 40 ans : *what else* ?!!

Aujourd'hui, j'ai envie
de vivre plutôt que d'avoir.
Je m'offre le plus beau
des cadeaux, le luxe ultime :
la liberté.

Less is more

Dernières pensées avant de refermer ce livre...

Dans la vie, il ne faut pas avoir de regrets. Tout ce qui se passe est notre chemin de vie alors faisons confiance à l'Univers, qui nous portera, quoi qu'il arrive...
Je voudrais dire à toutes les personnes qui ont connu des échecs qu'il y a toujours une porte de sortie. Qu'elles doivent rester confiantes.

Si je devais conseiller quelque chose à la Audrey d'il y a dix ans, ce serait de moins en faire. Je lui dirais que vouloir toujours plus n'est pas la clé de la réussite dans une vie. Qu'il vaut mieux en faire moins, mais mieux.
Je lui dirais aussi de se ménager et de se contenter de ce qu'elle a. De faire plus attention, d'être moins naïve pour moins se faire avoir, moins y laisser des plumes.
Mais quand je me retourne sur mon passé, je trouve qu'au final, j'ai énormément gagné : parce que toutes ces expériences, bonnes et mauvaises, étaient un message, une leçon de vie. Pour aujourd'hui mieux vivre, tout simplement.

Remerciements

En mémoire de Coralie Maréchal, ma plus fidèle collaboratrice et amie dévouée, qui a partagé l'aventure et le succès de Monpetitbikini depuis le tout début.

À mes parents et à ma sœur, qui ont toujours cru en moi et m'ont soutenue, même dans les plus durs moments. Un grand merci particulièrement à mon père, qui m'a aidée à démarrer Monpetitbikini en finançant les débuts, et sans qui rien n'aurait été possible. Et à Mathieu, qui a lui aussi été là dès le début, et qui m'a toujours soutenue.

À mes amis(e)s entrepreneur(e)s, avec qui j'ai échangé pendant des heures sur le business et qui se reconnaîtront.

À Pablo, mon fils, ma vie, ma plus belle réussite.

Dream, plan, do